LA

RENAISSANCE
DANS LE VEXIN

ET DANS UNE PARTIE DU PARISIS

A PROPOS DE L'OUVRAGE DE M. LÉON PALUSTRE

LA RENAISSANCE EN FRANCE

PAR

LOUIS REGNIER

PONTOISE
TYPOGRAPHIE DE AMÉDÉE PARIS
———
M DCCC LXXXVI

LA RENAISSANCE

DANS LE VEXIN

ET DANS UNE PARTIE DU PARISIS

L. Sadoux, sc.

Imp. A. Quantin

E. Sadoux

LA

RENAISSANCE

DANS LE VEXIN

ET DANS UNE PARTIE DU PARISIS

A PROPOS DE L'OUVRAGE DE M. LÉON PALUSTRE :

LA RENAISSANCE EN FRANCE

PAR

LOUIS REGNIER

PONTOISE

TYPOGRAPHIE DE AMÉDÉE PARIS

M DCCC LXXXVI

LA RENAISSANCE

DANS LE VEXIN

ET DANS UNE PARTIE DU PARISIS

E grand ouvrage dont M. Léon Palustre vient de publier les deux premiers volumes [1] a ramené l'attention des érudits sur la période artistique improprement appelée *Renaissance*. Non pas qu'elle ait été tout à fait négligée jusqu'ici, mais elle n'avait été étudiée que par un petit nombre d'initiés, le public ayant plutôt, sous l'influence des écrits de Didron et de Viollet-le-Duc, réservé son admiration pour les cathédrales du moyen âge, qui parlent plus aux yeux et frappent davantage l'imagination. Aussi la légende se donnait-elle libre carrière, sauf

---

(1) *La Renaissance en France*, Paris, Quantin, 2 vol. in-folio : *La Renaissance dans le Nord.* Prix : 250 fr.

toutefois pour les châteaux royaux et quelques autres édifices, aussi rares que privilégiés, dont l'histoire avait été fixée d'une manière définitive par la découverte des comptes originaux. Nous n'avons pas à rappeler et encore moins à réfuter l'échafaudage de faussetés et de mensonges que l'on avait édifié sans trop de peine au profit des Italiens et au préjudice des artistes Français. Il était partout admis que les premiers, venus en France à la suite de Charles VIII, de Louis XII et de François Ier, y avaient absolument tout fait de 1490 à 1540. Les préjugés n'ont pu même être dissipés entièrement par la publication des textes, qui cependant montrent partout des Français employés par les rois de France, à part quelques peintres ou décorateurs étrangers, ayant dans leur genre une expérience que nos aïeux ne possédaient pas encore. Nous conseillons seulement, à qui veut se convaincre que l'histoire était odieusement falsifiée, de lire la cinquième livraison de l'ouvrage de M. Palustre, consacrée à Fontainebleau, dans laquelle, à l'aide d'arguments tirés, soit des documents, soit du style des différentes parties du château, il évince tour à tour les bénéficiaires de ce qu'il appelle une « conspiration contre la vérité. » [1]

Il ne suffisait pas toutefois de publier des pièces d'archives, il fallait s'en servir, et c'était ce que, de parti-pris ou autrement, on se refusait à faire. On ne voulait pas voir que ces textes, en si petit nombre qu'ils fussent, fournissaient une base solide sur laquelle pouvait être reprise en entier l'histoire des arts en France pendant le xvie siècle. C'est ainsi qu'en examinant avec soin les constructions authentiques dues à Pierre Chambiges, M. Palustre parvient à lui attribuer d'une façon très plausible le château de Challuau et l'ancien hôtel de ville de Paris, de même que l'étude du chœur de Saint-Pierre de Caen lui fait ajouter au compte d'Hector Sohier les châteaux de Lasson et de Chanteloup. Mais ici nous touchons au point capital de la question. Doit-on considérer comme définitives les attributions proposées par M. Palustre et accepter son procédé, qui consiste à s'appuyer sur un texte écrit ou toute autre preuve historique pour examiner à fond le monument auquel cette preuve se rapporte et y rattacher tout ce qui présente avec lui une analogie visible ? Nous avouons que, dès l'abord, nous avons été séduit par ces théories brillantes, ces

(1) *La Renaissance en France*, introd., p. 1.

idées neuves et hardies qui rendent si attrayante la lecture du livre de M. Palustre et par la solution de tous ces problèmes archéologiques que personne n'avait jamais songé à poser, en un mot par la manière entièrement nouvelle dont l'histoire de l'architecture était envisagée. Le premier moment d'enthousiasme passé, nous avons essayé de nous rendre compte par nous-même de la valeur de ces théories et de ces idées. Aucun pays peut-être ne présentait, sous ce rapport, un champ d'expérience aussi favorable que le nôtre. Les édifices de la Renaissance s'y rencontrent à chaque pas et nous avons pu constater que les conclusions auxquelles est arrivé M. Palustre sont uniquement basées sur l'examen attentif et le rapprochement minutieux des monuments, et qu'en général il s'est gardé avec soin des idées préconçues et des entraînements de l'imagination. Nous avons même trouvé à grossir sensiblement sa moisson par des édifices trop secondaires pour qu'il ait pu s'en occuper, mais qui n'en confirment pas moins d'une façon éclatante ses opinions personnelles [1]. Par suite, le simple compte rendu que nous projetions sur la *Renaissance en France* a pris un développement considérable, en même temps que la nécessité de satisfaire à l'actualité nous contraignait de ne pas trop nous étendre, de peur de faire perdre à notre travail l'intérêt que devait lui donner surtout le but que nous lui avions primitivement assigné.

Les ressemblances et les similitudes invoquées par M. Palustre existent d'une façon indéniable et nous n'hésitons pas à nous associer pleinement à ses idées. Sans doute, il a pu se tromper sur certains points de détail, au sujet desquels sa manière de voir ne nous a pas paru suffisamment justifiée, — nous ne nous soustrairons pas à l'obligation de le dire. Ce n'est pas une réclame que nous prétendons faire à un livre que nous savons apprécié à sa juste valeur. Mais il est bon de faire remarquer que, sauf deux ou trois exceptions, les critiques qui s'en sont occupés se sont tenus dans des généralités peu propres à éclairer le lecteur et se sont contentés d'aligner des phrases dans le silence du cabinet, préparation assurément insuffisante pour parler d'un archéologue qui pratique surtout, si l'on peut s'exprimer ainsi, la méthode du *plein air*. Ceci expliquerait encore pourquoi nous avons été amené à élargir l'espace qui est ordinairement alloué à une étude bibliographique.

(1) Nous imprimerons en *italiques* les noms des édifices dont ne parle pas M. Palustre.

D'ailleurs, l'appréciation de l'ouvrage de M. Palustre peut et doit, — à part quelques réserves de détail, — porter sur l'ensemble de ses conclusions. Il n'y a pas de milieu : ou bien il faut les adopter sans exception, ou il faut renoncer à admettre que l'inspection et la comparaison intelligentes des monuments puissent jamais amener des résultats sérieux en archéologie. Car, il n'y a pas à s'y tromper, M. Palustre n'a rien inventé ; il s'est contenté, — et cela à nos yeux ne diminue en rien son mérite, — d'appliquer à la période de la Renaissance les errements suivis par M. de Caumont, par Viollet-le-Duc et par tous les archéologues dignes de ce nom, dans l'étude des édifices du moyen âge. C'est la comparaison, la méthode archéologique par excellence, qui fait tout le fond de son système, si toutefois système il y a, et suspecter les résultats qu'il nous présente conduirait à douter de ceux obtenus par les illustres savants que nous venons de nommer. A vrai dire, tout le changement consiste dans ceci : en ce qui concerne les monuments gothiques, qui sont pour la plupart anonymes, nous ne pouvons arriver qu'à constater l'existence des différentes écoles et à délimiter leur rayon, tandis qu'à la Renaissance nous avons affaire aux auteurs eux-mêmes. A quelle époque, en effet, chaque artiste a-t-il eu sa manière plus caractérisée et plus individualisée ? On se trouvait inopinément en présence des monuments de l'antiquité, révélés par les ouvrages de Vitruve, et chacun les interprétait à sa guise, si bien qu'on pourrait à peine signaler deux architectes dont le style se confondît, à moins qu'il ne s'agisse des esprits secondaires, qui suivent toujours le mouvement au lieu de le diriger. C'est surtout en parlant du XVIᵉ siècle que l'on peut dire avec M. Palustre : « Les architectes sont absolument comme les littérateurs : il y a des expressions qu'ils préfèrent, des tournures qui leur appartiennent en propre, et lorsqu'on est arrivé à saisir ce que nous appellerions volontiers ses faiblesses, rien n'empêche plus de marcher d'un pas sûr vers la reconstitution de tout l'œuvre d'un artiste. » [1] Il est, en effet, facile de constater qu'à cette époque le nombre des constructeurs véritablement dignes du titre d'architectes est relativement très restreint. La connaissance approfondie et la pratique du style de la Renaissance furent le partage d'une pléiade fort peu nombreuse, si on la compare à la foule des maçons des siècles précédents. La période

[1] *La Renaissance en France*, t. II, p. 4.

pendant laquelle il brilla fut d'assez courte durée et il n'est pas rare de voir un homme unique peupler toute une région de ses créations. Ainsi, Jean Bullant règne à peu près seul dans les plaines situées au nord du Parisis, tandis que les Le Mercier et Jean Grappin se partagent le Vexin Français. Nous avons constaté un fait analogue en Normandie, où les églises de Tillières, de Verneuil (Notre-Dame), de Laigle et de Rugles sont, pour les parties appartenant à la Renaissance, l'œuvre d'un seul et même architecte. Les copistes sont peu nombreux et leurs produits, toujours empreints de timidité, sont facilement reconnaissables.

On se tromperait, du reste, étrangement en affirmant qu'aucune objection ne sera soulevée et que, parmi les lecteurs de M. Palustre, nul ne s'inscrira en faux contre ses conclusions. Les uns, auxquels répugne l'adoption des idées toutes faites et qui sont avant tout ennemis des hypothèses, sans nier péremptoirement, demanderont des preuves plus complètes et réserveront leur appréciation ; d'autres, peut-être, plus expéditifs, considéreront l'ouvrage comme nul et non avenu ; c'est une question de tempérament et peut-être, pour les seconds, de parti-pris, sans qu'ils soient assurés eux-mêmes d'arriver à des résultats plus précis. Mais, nous en sommes persuadé, tout le monde se préoccupe du livre de M. Palustre et ceux-là même qui joueront le dédain seront sans doute au fond plus vivement contrariés qu'il ne leur ait pas laissé une seule idée originale à émettre.

Après avoir ainsi fait connaître le but de notre travail, il nous reste à en indiquer le plan, qui est pour ainsi dire tracé d'avance. Nous étudierons d'abord Jean Bullant, les Le Mercier, l'école de Gisors et les Grappin, puis les peintres-verriers. Un chapitre sera, en outre, consacré aux monuments élevés en dehors de toute influence locale, et un autre aux œuvres de second ou de troisième ordre dont nous n'avons pu établir la filiation.

I

De tous les architectes du xviᵉ siècle, il n'en est peut-être pas, après Philibert de l'Orme, de plus célèbre que Jean Bullant. Bien peu aussi ont été le sujet de plus de dissertations et ont davantage tenté les biographes. On l'a étudié à peu près à tous les points de vue : son origine, sa famille, sa vie privée, ses œuvres ont fait les frais d'une foule de mémoires. Il n'est pas jusqu'à sa physionomie qui n'ait excité la curiosité des érudits [1]. Cependant, tous ces travaux sont loin d'avoir une égale valeur et quiconque désirait jusqu'ici se livrer à des recherches sérieuses sur le grand architecte devait faire un choix prudent. Un long et intéressant article de M. de Montaiglon dans les *Archives de l'Art français* [2], le chapitre de Berty dans les *Architectes français de la Renaissance*, et une étude de M. Ferdinand de Lasteyrie dans la *Gazette des Beaux-Arts* [3], constituaient un fonds qui aurait passé longtemps pour suffisant. Néanmoins, ces écrivains, dont personne d'ailleurs n'a jamais songé à discuter la compétence, ne paraissent pas avoir entrevu la vérité complète. Pour eux, Jean Bullant est surtout et presque exclusivement l'architecte du château d'Ecouen. Il n'est venu à l'idée de personne qu'il pouvait

---

(1) V. *Notice sur un faux portrait de Philibert Delorme*, par Louis Courajod, dans les *Mém. de la Soc. des Antiq. de Fr.*, 4ᵉ sér., t. VIII (1877), p. 67-84.

(2) *Jean Bullant, architecte du connétable de Montmorency*. (*Arch. de l'Art français*, doc., t. VI, p. 305-339 et 411-413.)

(3) F. de Lasteyrie, *Un grand seigneur du xviᵉ siècle : le connétable de Montmorency*. (*Gazette des Beaux-Arts*, 2ᵉ pér., t. XIX et XX. — Tirage à part in-8°, 1879, Paris, Quantin.)

avoir eu la plus petite part à l'érection des nombreuses églises du XVIᵉ siècle qui se voient autour de la somptueuse demeure du premier baron chrétien. On n'a pas davantage accordé d'attention à cette particularité importante que tous ces édifices s'élèvent sur les immenses possessions des Montmorency et qu'ils montrent souvent à profusion sur leurs murailles les armoiries, la devise, les initiales du plus illustre membre de cette famille et jusqu'aux insignes des hautes fonctions dont il fut revêtu [1]. Il était donc tout naturel de penser à Jean Bullant, qui fut toute sa vie l'architecte préféré du connétable et qui naquit, vécut et mourut à Ecouen. Cependant, malgré toutes ces circonstances, jointes à la correction dont ces églises sont empreintes, le champ était absolument vierge lorsque M. Palustre vint y appliquer les théories scientifiques qui lui sont familières. Avec ce tact et cette justesse d'appréciation qui le distinguent, il ne tarda pas à deviner dès le premier abord qu'une partie considérable de l'œuvre du grand Bullant avait été laissée dans l'ombre et que, là aussi, il y avait beaucoup à faire pour un historien clairvoyant et désireux avant tout de bien se renseigner et de contrôler les assertions de ses devanciers. Les résultats de l'enquête à laquelle il s'est livré auront sans doute à subir l'épreuve du temps et des jugements divers. Mais il est dès à présent impossible de ne pas admettre qu'ils sont absolument acceptables et qu'ils parviennent à satisfaire en principe le critique le plus récalcitrant.

M. Palustre, avec M. de Montaiglon, fixe à 1510 la date de la naissance de Bullant. Seulement, il soutient que son grand séjour à Rome a eu lieu au commencement de sa carrière et voici comment il le prouve. A trois lieues d'Ecouen, vers le nord, dans le village de Belloy, s'élève une église dont les trois nefs, reconstruites au XVIᵉ siècle, sont précédées d'une belle façade, que l'on serait porté à attribuer au plus tôt au règne de Henri II, si une F et une salamandre, dans les écoinçons du porche, n'en reculaient la date aux dernières années du règne de François Iᵉʳ. Elle est d'une façon remarquable en avance sur tout ce qui l'entoure et l'archéologue ou l'artiste qui se trouvait pour la première fois en présence de ce chef-d'œuvre devait songer tout d'abord à en chercher l'origine chez les plus

---

[1] V. sur la vie publique d'Anne de Montmorency, particulièrement de 1526 à 1541, le travail très complet que vient de publier M. F. Decrue sous ce titre : *Anne de Montmorency, grand maître et connétable de France, à la cour, aux armées et au conseil du roi François Iᵉʳ*, Paris, Plon, 1885, in-8°.

grands maîtres du temps. Cette première impression était confirmée par la noble et majestueuse simplicité de l'ensemble, l'incomparable perfection des détails d'ornementation, la riche composition de la balustrade dorique du sommet et de l'élégante frise décorée de bucranes et de patères qui la supporte. Aussi M. Palustre n'a-t-il pas manqué de s'appesantir sur ces détails : « Si nous tenons à les faire remarquer, dit-il, c'est qu'ils ont pour nous une importance considérable. Ils sont comme la signature de celui qui a construit cette admirable façade, l'un des plus beaux morceaux d'architecture assurément que le xvie siècle ait laissés aux environs de Paris. Consoles, bucranes et rosaces se retrouvent au château d'Écouen et, pour quiconque a étudié de près le style de Jean Bullant, il est incontestable que nous sommes devant une œuvre, non signalée jusqu'ici, de l'illustre maître » [1]. Il était permis néanmoins de se demander si Jean Bullant lui-même pouvait, à la date en question, puiser dans son propre fonds les éléments d'une construction où se marient d'une manière si parfaitement harmonieuse les dernières traditions de l'art gothique et les principes les plus sévères de Vitruve. En vérité, quel que soit le génie que l'on se plaise à accorder au créateur d'Écouen, la chose ne saurait être acceptée sans réserve. Or, quand on sait que le grand architecte avait pu étudier à Rome, *de visu*, les plus beaux modèles de l'antiquité, n'en faut-il pas conclure que l'opinion de M. Palustre est fondée et que ce voyage, dont on ignore la date exacte, était déjà fait lorsque Bullant construisit le portail de Belloy ; en un mot, qu'il est allé à Rome avant d'avoir rien édifié dans son pays natal.

Ce raisonnement ne manque pas de logique, mais il repose sur une donnée que l'on sera peut-être porté à suspecter. Qu'à cela ne tienne. Allons à Écouen, où, du moins, la part qui revient à Jean Bullant dans les grands travaux entrepris sur l'ordre du connétable n'est contestée par personne, si ce n'est cette fois par M. Palustre. Tout le monde s'accordait, en effet, à voir en lui le seul, l'unique architecte qui, pour répondre aux désirs de l'héritier du baron Guillaume de Montmorency, aurait élevé, en moins de dix années, la magnifique résidence qui fait encore aujourd'hui notre admiration. Selon M. de Montaiglon, entre autres, il aurait « tout conçu, tout construit, tout dirigé. » Or, parler ainsi, c'est tenir trop peu

(1) *La Renaissance en France*, t. II, p. 3-4.

de compte du monument lui-même. L'aile gauche, le corps de logis situé au fond de la cour et deux travées en retour sur la façade des terrasses sont encore presque gothiques et portent le cachet d'un art essentiellement local, tandis que, dans le surplus de cette façade et dans le bâtiment détruit en 1787 qui fermait la cour du côté de l'orient, la Renaissance se montre avec ce qu'elle a de plus caractérisé. Voilà donc d'abord, dans le château dont on proclamait l'unité avec tant d'insistance, deux parties dont les styles sont absolument distincts et, par conséquent, deux architectes différents. D'après ce que nous pouvons en juger par ses œuvres authentiques, Jean Bullant ne saurait être que le second, en même temps, du reste, qu'une simple confrontation des dates l'empêche d'intervenir dans le débat en 1532, époque où les travaux furent commencés : il avait seulement une vingtaine d'années et n'avait pu sans doute encore attirer l'attention du futur connétable.

C'est alors que les *Comptes des Bâtiments du roi* nous révèlent l'existence à une époque contemporaine d'un certain Charles Billard ou Baillard, qui s'y trouve qualifié de « maistre maçon de monseigneur le connétable » et que l'on voit, à différentes reprises, chargé de la réception des travaux royaux à Fontainebleau et à Saint-Germain [1]. Est-ce que ne voilà pas vraisemblablement l'artiste presqu'alors inconnu auquel Anne de Montmorency fit appel pour la construction de son palais ? N'est-ce pas lui dont l'inspiration n'a pu se débarrasser complètement des traditions de sa jeunesse et ne doit-on pas supposer qu'il devait avoir un âge déjà assez avancé en 1532 ? Toutes questions que M. Palustre résout par l'affirmative, sans que nous l'accusions de trop de témérité. C'est donc à Charles Billard que, vers 1547 [2], succéda Jean Bullant, alors dans toute la force de son talent et qui avait déjà construit près d'Écouen les portails de Belloy et de Sarcelles. « Du même coup, dit M. Palustre, l'horizon s'éclaircit et nous voyons parfaitement clair là où tout à l'heure il n'y avait pour ainsi dire que ténèbres. L'inspiration éminemment française tant de l'aile gauche que de celle du fond et des deux premières travées en retour vers la droite n'a plus rien qui doive

---

[1] *Comptes des bâtiments du roi*, de 1528 à 1571, publiés par le marquis Léon de Laborde, *passim*.

[2] M. Palustre dit 1550, mais nous croyons que l'on peut facilement avancer de deux ou trois années.

nous surprendre, car l'architecte auquel est due cette partie considérable du château n'a évidemment jamais franchi les Alpes, et, comme la
plupart de ses contemporains, il s'est contenté de suivre, avec le génie
qui lui était propre, le mouvement qui se manifestait alors de tous
côtés. » [1]

Comme le devoir était dicté à l'avance au nouvel architecte de ne
pas s'éloigner du style adopté par son prédécesseur, ce qui restreignait
singulièrement le champ où il pouvait faire l'application de ses principes architecturaux, nous le voyons, sous prétexte de corriger la froideur
des deux façades intérieures, appliquer au milieu de chacune d'elles une
sorte de portique formé soit d'immenses colonnes composites occupant
toute la hauteur des bâtiments, soit de colonnes doriques et corinthiennes étagées [2], et faire saillir, au nord, un grand avant-corps qui
domine tout le bourg. Cet avant-corps est un véritable hors-d'œuvre et
M. Palustre, sans dissimuler son admiration pour les détails, a su faire
la part de la critique : « Maintenant, dit-il, quelle appréciation faut-il
porter sur les changements opérés par Jean Bullant ? A-t-il été toujours
heureux dans ses combinaisons et sa manière d'entendre l'imitation de
l'antique ne laisse-t-elle rien à désirer ? Certes, le grand artiste est admirable de tout point chaque fois qu'il procède à l'arrangement des détails,
et nous souscrivons bien volontiers aux éloges de Quatremère de Quincy,
qui ne croyait pas pouvoir signaler, chez aucun autre maître français,
plus de pureté dans les profils ni plus de finesse dans l'exécution. Mais
le groupement de toutes ces merveilles est loin de produire, en général,
un effet satisfaisant. Par exemple, l'entablement qui surmonte les pilastres
doriques, aux trois côtés de l'avant-corps donnant sur la grande terrasse,
est véritablement si complet et traité avec tant de rigoureuse exactitude
que le second étage, au lieu d'être une continuation du premier, ressemble
à un petit édifice pris à part et comme déposé à cette place. En outre,
la composition ne se raccorde aucunement avec le reste de la façade, et,
bien que le style soit parfaitement homogène, que toute la construction

---

(1) *La Renaissance*, t. II, p. 51.

(2) L'un de ces portiques, où Jean Bullant a fidèlement copié les colonnes du temple
de Jupiter Stator, est reproduit par M. Sadoux dans l'ouvrage de M. Palustre. Une autre
belle eau-forte donne la façade des terrasses.

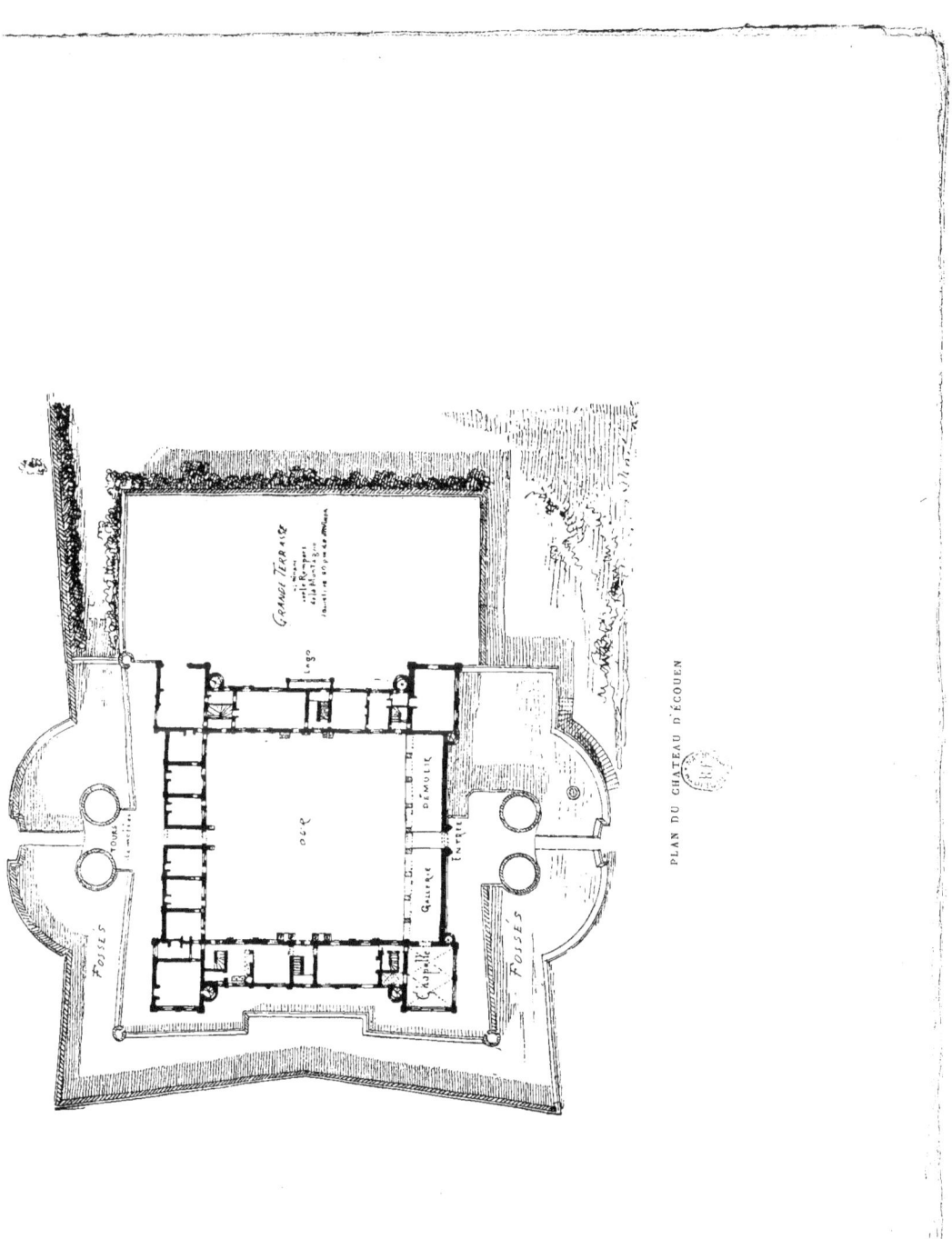

PLAN DU CHATEAU D'ÉCOUEN

date évidemment de la même époque [1], on semble être en présence de deux parties séparément conçues et réunies on ne sait pourquoi ? » [2]

Mais ne nous attardons pas à l'examen d'un édifice qui sera tôt ou tard, nous l'espérons, l'objet d'une monographie complète. Il est préférable, pour le moment, de visiter les églises que nous signale M. Palustre et de considérer les titres qui lui paraissent militer en faveur de leur attribution à Jean Bullant. Assurément, si ce dernier est l'auteur du portail de Belloy, il doit en être de même pour celui de Sarcelles. La disposition générale est identique. Les combles des bas-côtés et celui de la grande nef sont apparents, de sorte que la façade se trouve partagée en trois divisions verticales par quatre contreforts. Comme à Belloy, les extrémités des latéraux sont fort simples et le pignon de la nef est seul ornementé. Il est soutenu par deux contreforts saillants ornés de niches aux formes toutes classiques et réunis vers le milieu de leur hauteur par un entablement considérable, quoique dépourvu de sculptures [3]. La partie supérieure de la façade est occupée par une rosace à quatre lobes flanquée de deux colonnes corinthiennes engagées. Quant à la partie inférieure, elle est formée par le porche, œuvre d'une rare élégance, qui a droit à toute notre attention. Dans la voussure, l'initiale couronnée de François Ier nous indique la date de la construction, évidemment contemporaine de celle de Belloy.

L'ordre chronologique nous conduit ensuite à Luzarches. Jean Bullant était probablement occupé alors à achever le château d'Écouen, car plusieurs années séparent la façade de Luzarches de celle de Sarcelles. Toutes deux témoignent de la difficulté qu'éprouvaient les architectes de la Renaissance à trouver des combinaisons nouvelles. La disposition traditionnelle des églises catholiques imposait partout de semblables conditions. Toujours la nef était accompagnée de deux collatéraux moins

(1) La construction de cet avant-corps, légèrement postérieure à celle de la façade, a été motivée par le désir de faire jouir les habitants du château de la vue qui s'étend au loin sur la riche plaine de *France* et les coteaux couronnés par la forêt de Carnelle. Les grandes *loges* ménagées aux étages supérieurs ne laissent aucun doute sur ce point. Cette façade, comme nous l'avons dit, est due presque tout entière à Jean Bullant.

(2) *La Renaissance*, t. II, p. 52.

(3) Sur cet entablement, on lit : RESTAURATIO HUJUS ÆDIFI MONUMENTUM *(sic)* FUIT ANNO DOMINI MDC LXVIII, qui n'est que la date d'une réparation.

élevés; de là, trois divisions inévitables. Avec le parti presque constamment adopté pour les églises de médiocre importance de couvrir les trois
vaisseaux d'un toit unique, on se trouvait en face d'une double ligne de
rampants déterminant un grand triangle dont la décoration ne laissait
pas de présenter de sérieuses difficultés aux esprits les plus inventifs.
Cet état de choses était si naturellement accepté que les architectes
paraissent rarement en avoir cherché un autre. Il était surtout dicté
lorsque, comme à Belloy, à Sarcelles et à Luzarches, on avait conservé
le vieux clocher placé sur la croisée ou appliqué contre le flanc de
l'église, et que le besoin ne se faisait nullement sentir d'édifier une
nouvelle tour à l'ouest.

Par suite, les artistes de la Renaissance durent recourir à toutes les
ressources de leur imagination pour ne pas se répéter perpétuellement,
mais ils n'y réussirent qu'à demi, et Jean Bullant lui-même, si l'on en
juge par les trois églises que nous venons de nommer, ne paraît pas
avoir évité complètement cet écueil. Aussi, la parenté de ces trois édifices
est-elle évidente et c'est grâce seulement à la légèreté des archéologues
ses prédécesseurs que M. Palustre a eu l'honneur de la faire ressortir le
premier. Ses appréciations n'en sont que plus intéressantes à lire. Nous
reconnaîtrons avec lui qu'à Luzarches « rien ne commandait à l'architecte de rejeter sa double porte au fond d'une immense arcade, où elle
joue, avec tout ce qui l'accompagne, le rôle de remplissage » [1], quoi-
qu'il soit clair que son motif, en agissant ainsi, ait été d'apporter un
peu de variété dans ses compositions. En revanche, l'entablement dorique
qui traverse toute la façade est d'une remarquable pureté de style, bien
que l'architecte, pour répondre au même besoin, ait varié les motifs de
décoration qui remplissent les métopes [2]. Les contreforts se dissimulent

(1) *La Renaissance*, t. II, p. 6.

(2) Tandis que des patères à ombilic se voient immédiatement au-dessus des portes,
des Saintes-Faces et des rosaces alternées se trouvent entre les triglyphes du grand
entablement. Sur les pignons des bas-côtés, les Saintes-Faces sont même remplacées par
des têtes d'anges. — Nous croyons utile de faire ressortir ici une particularité qui tend
à montrer que les idées de M. Palustre sur Jean Bullant ne sont pas tout à fait dépour-
vues de fondement : l'architrave et la corniche sont semées de distance en distance, à
leur partie inférieure, de pièces rondes semblables à celles que les héraldistes nomment
tourteaux et que nous retrouvons à cette place dans un dessin de Bullant gravé dans sa

sous deux ordres de colonnes accouplées, le premier dorique et le second ionique. Leur couronnement est fort élégant. Une immense rose occupe l'étage supérieur.

Aucun document écrit ou figuré ne nous fait connaître la date exacte de la construction, mais elle est pour nous, comme pour M. Palustre, contemporaine de Henri II [1]. Quant à l'église elle-même, dont les trois nefs furent reconstruites bien peu d'années auparavant, elle porte les traces d'une transition entre le style flamboyant et celui de la Renaissance. Si l'ornementation des clefs de voûte se ressent des nouvelles idées artistiques [2], les grandes lignes restent encore pour ainsi dire toutes gothiques et, à l'exception des épais formerets des bas-côtés, tous les arcs dessinent des ogives. C'est donc une surprise que de voir des entablements complets se dégager au-dessus des piliers cylindriques qui soutiennent les six travées de la nef, aussi bien que sur les colonnes à demi-saillantes qui reçoivent les retombées des voûtes latérales. C'était à coup sûr une véritable innovation, mais qui constituait un dangereux précédent, dont nous verrons plus tard s'emparer Nicolas Le Mercier. Le goût de M. Palustre s'en est justement alarmé et voici comment il exprime son sentiment : « Que semblable création soit réellement belle, nous ne saurions le dire ; elle offre l'inconvénient de tout membre d'architecture qui est distrait de son rôle. Chaque fois, en effet, qu'une colonne se trouve placée sous un arc quelconque, il n'y a pas de raison pour la charger d'ornements et de moulures que requiert uniquement la plate-bande. Sans doute Bullant aurait pu, pour sa justification, invoquer l'exemple de l'Italie, qui, en bien des cas, a ainsi abusé des admirables ressources léguées par la classique antiquité, mais de chaque pays il ne faut prendre que ce qui est réellement digne des honneurs de la reproduction. » [3]

Reigle d'architecture des cinq manières de colonnes et reproduit en fac-simile par le journal l'*Art* (t. XXII, p. 43). Ces tourteaux se voient aussi au portail du Mesnil-Aubry.

(1) Le dessous de l'architrave du grand entablement montre, entre les chapiteaux des deux colonnes doriques, deux croissants affrontés. Faut-il y voir l'emblème de Henri II, bien que, tout le monde le sait, les croissants y soient souvent au nombre de trois ?

(2) Une seule travée de la grande nef, celle de l'ouest, est voûtée.

(3) *La Renaissance*, t. II, p. 8.

Après la façade de Luzarches, vient, par ordre de date, l'église de Maffliers [1], très intéressante malgré ses petites dimensions. Le chœur seul appartient au style de la Renaissance [2]. C'est une construction polygonale d'une grande élégance, fort simple à l'extérieur, mais dont l'intérieur présente plus développée et plus accusée encore la disposition que nous venons de signaler à Luzarches. A Maffliers, comme il n'y a pas de latéraux, les colonnes ne sont plus isolées et la lourdeur du motif se trouve en quelque sorte atténuée. Mais Jean Bullant s'en était fait un système et, à un ou deux ans d'intervalle, nous le retrouvons dans l'église de Goussainville, reconstruite totalement sous les règnes de Henri II, François II et Charles IX [3]. C'est une nef spacieuse et assez élevée, pourvue de deux bas-côtés, sans transept ni rond-point [4]. Les détails de l'intérieur, généralement moins purs et moins soignés que ce que nous venons de voir faire à Jean Bullant, portent néanmoins, ainsi que le contre-fort placé à l'angle sud-est, le caractère indiscutable de ses créations. Assurément, l'église de Goussainville ne saurait entrer en comparaison avec le portail de Belloy, par exemple, qui suffirait seul à la juste renommée d'un architecte, mais il est facile d'y reconnaître l'esprit sérieux et réfléchi du grand artiste.

C'est à une époque un peu antérieure que les habitants de Villiers-le-Bel, voulant prévenir les graves accidents qu'allait occasionner la poussée toujours croissante des voûtes de leur église, firent élever au sud de la nef deux énormes contre-forts, qui portent à leur sommet les dates de 1550 et 1554. Ces contreforts avaient déjà attiré l'attention de M. de Montaiglon, qui avait cru devoir évoquer à ce sujet le nom de Jean Bullant. « Leur culée, dit-il, dont les côtés ont une largeur quatre

(1) On voit à l'abside le millésime de 1556 et sur la frise extérieure des chapelles latérales les trois croissants de Henri II.

(2) La nef est toute moderne (1859).

(3) Sur un pilier du chœur, sont les trois croissants du premier de ces rois. Au chevet, un contre-fort d'une riche composition, rappelant ceux de Villiers-le-Bel, dont nous allons parler tout à l'heure, porte à mi-hauteur, sur le support d'une belle niche, le millésime de 1559, tandis qu'au sommet on lit cette autre date : 1569.

(4) De l'église primitive, on n'a conservé que le clocher, tour carrée de la seconde moitié du XIIe siècle, remaniée toutefois lors de la réédification du monument et appuyée aujourd'hui contre la muraille méridionale du chœur.

ou cinq fois plus grande que les faces antérieure et postérieure, est décorée comme un pilastre ; les grandes feuilles du chapiteau qui surmonte les cannelures, la hauteur de la frise, l'importance et la saillie de l'entablement, la richesse des moulures, en font comme un morceau d'école et une œuvre de détail, dans laquelle l'auteur du *Traité des ordres* [1] a voulu montrer toute sa science classique » [2]. Ces deux contreforts, paraît-il, ne suffirent pas à maintenir l'écartement des voûtes, car on leur en adjoignit deux autres, qui sont datées de 1572, mais que rien n'autorise à attribuer à Bullant. Si maintenant nous pénétrons à l'intérieur de l'église, dont les trois nefs ont été complètement remaniées à la même époque, nous y voyons encore les chapiteaux surmontés d'entablements complets chers à cet architecte qui, s'il n'a pas tout ordonné, a dû au moins avoir quelque part à la construction du mur septentrional de la grande nef et à celle du bas-côté nord.

Nous avons déjà fait remarquer que ces édifices, dont les dates se suivent de très près, sont tous situés dans la riche contrée où s'étendaient au XVIe siècle les immenses domaines du connétable de Montmorency et que, sur la plupart d'entre eux, on voit à profusion les signes les moins équivoques de la part prise par lui-même à leur construction. Quoi de surprenant alors qu'il y ait employé son architecte favori et y a-t-il un seul instant à douter de la vraisemblance des attributions proposées par M. Palustre, que toutes sortes d'observations viennent d'ailleurs confirmer ? Ainsi, aussitôt qu'il eût acquis, en 1564, la seigneurie du Mesnil-Aubry, le connétable s'empressa de faire continuer la belle église commencée en 1531 par la construction d'un bas-côté, celui du nord, l'un des plus riches spécimens, — soit dit en passant, — de l'art gothique à son déclin qui se puissent rencontrer dans le pays. Cette église fut complétée alors par une vaste nef et un autre collatéral, parallèle au premier, mais édifiés dans un style tout différent et où tout nous contraint de voir encore la main de Jean Bullant. L'ordonnance est généralement fort simple, comme il convient à une église de campagne, mais les profils des moulures sont toujours très purs et les entablements

(1) Voir, pour les ouvrages publiés par Jean Bullant, Berty et M. de Montaiglon, *op. cit.*

(2) M. de Montaiglon, *op. cit.*, p. 317.

des colonnes n'atteignent nulle part un développement aussi considérable. L'intérieur de l'abside rappelle fidèlement celle de Maffliers. Les travaux marchèrent avec lenteur et ne furent même terminés qu'après la mort de Jean Bullant [1]. Une clef de voûte de la grande nef porte, en effet, cette date :

$$M \overset{\circ}{A} \cdot 1582$$

Le portail annonce déjà les froids placages du xviie siècle et, notamment, la façade de Saint-Gervais, à Paris. Toutefois, la partie inférieure, un peu plus ancienne, est peut-être de Jean Bullant. Le grand entablement qui règne à cet endroit semble copié sur celui de Luzarches. Entre les triglyphes figurent alternativement des têtes d'anges et de rosaces.

Là se clôt, selon M. Palustre, la liste des églises auxquelles Jean Bullant a mis la main aux environs d'Écouen [2]. Nous croyons cependant qu'avec un peu d'attention et en poursuivant les recherches, sans sortir néanmoins du rayon très étroit dans lequel nous nous sommes tenu jusqu'ici, on parviendrait encore à augmenter la couronne du grand architecte. Non pas que les églises d'*Attainville* et du *Plessis-Gassot*, par exemple, puissent y ajouter un bien éclatant fleuron, leur ordonnance, celle de la seconde surtout, étant plus simple que celle des précédentes, mais nous devons désirer avoir sur son œuvre des renseignements complets et, puisque la *Renaissance en France* a ouvert là-dessus des horizons nouveaux, il nous paraît nécessaire d'en déduire les conséquences logiques. Car il est évident que si l'église du Mesnil-Aubry est de Bullant, celles d'Attainville et du Plessis en sont aussi. Leur similitude comme plan et comme décoration est réellement saisissante et, en outre, nous ne saurions trop insister sur ce point, pour quiconque les examine d'un peu près, elles ne sont pas l'œuvre d'un vulgaire maçon de village. Les membres d'architecture, tout en affectant

---

(1) Arrivée le 10 octobre 1578.

(2) M. Palustre lui attribue encore l'église de l'Isle-Adam, mais nous n'y trouvons rien qui justifie ce sentiment. Les frises doriques assez grossières qui servent de chapiteaux aux piliers de la nef sont l'œuvre d'un imitateur de Bullant et non pas du maître lui-même.

une certaine simplicité, ont été soigneusement étudiés et les postes qui courent à l'abside de la première église sont faites pour donner à penser. Leurs dates ne sont pas un obstacle, puisque les voûtes portent, dans la première, le millésime de 1574, et dans la seconde, celui de 1575. Enfin, si nous en croyons une publication récente [1], au Plessis-Gassot la tradition serait constante à cet égard.

Mais, objectera-t-on, comment Bullant a-t-il pu, en un nombre d'années relativement restreint, construire autant d'édifices, alors qu'il devait être souvent retenu par ses fonctions de contrôleur des travaux royaux, sans parler de ce qu'il faisait pour le compte personnel du connétable? A cela, la réponse est facile. Pas plus que M. Palustre, nous ne prétendons que Bullant a tout fait par lui-même. Dans la plupart des cas, il se contentait sans doute de donner des dessins. Au xvie siècle, comme aujourd'hui, les travaux étaient souvent exécutés par des entrepreneurs. A plus forte raison lorsqu'il s'agissait d'un architecte aussi célèbre que l'était Jean Bullant. C'est fort de cette opinion, qui nous paraît fondée, que nous n'hésitons pas à lui attribuer le dessin de l'église de *Mareil-en-France*, laquelle appartient incontestablement à la même famille que les précédentes. Le plan diffère seulement en ce que les bas-côtés se rejoignent derrière le sanctuaire. La date de 1581 se lit sur l'une des clefs de voûte du déambulatoire. L'intérieur est peut-être encore plus remarquablement conçu qu'au Mesnil-Aubry et, en dehors, la disposition si rationnelle des triglyphes paraissant supporter les pieds-droits des baies accuse une connaissance approfondie des vrais principes de l'antiquité. Nous le répétons, l'église de Mareil appartient à Jean Bullant au même titre que la plupart de celles que nous venons de passer en revue, c'est-à-dire qu'il en a donné le plan, sans en surveiller l'exécution. En tout cas, personne ne se refusera à admettre que toutes ces églises portent d'une manière absolument indiscutable la marque d'une commune origine.

Si, comme nous l'espérons, le lecteur veut bien se rendre aux idées émises par M. Palustre et par nous, voilà déjà, par cette série assez nombreuse d'édifices religieux, tout une nouvelle face mise au jour de

[1] *Répertoire archéologique du canton d'Écouen* (Bulletin de la *Commission des Antiquités et des Arts de Seine-et-Oise*, 3e fasc., 1883, p. 99).

l'œuvre de Jean Bullant. Mais tout n'est pas fini sur ce point. Une autre lacune plus importante était signalée depuis longtemps. « Ce que Bullant fit en matière de construction de 1559 à 1570, on ne le voit guère, » disait Berty en 1860 [1]. Eh bien ! si nous en croyons M. Palustre, rien n'était plus facile que de faire cesser sur ce point l'ignorance des historiens ; il ne suffisait pas toutefois de travailler sur des textes, mais de voir les monuments eux-mêmes. C'est ainsi qu'en examinant avec beaucoup de soin le petit château de Chantilly, il a été frappé des nombreux points de ressemblance qui le rapprochent de la partie la moins ancienne du château d'Écouen et, après avoir réfuté l'opinion reçue du peu d'intérêt que le Connétable avait toujours porté à cette vieille demeure de ses pères [2], et démontré la légèreté de Willemin, qui l'attribuait au grand Condé, il a pu arriver à doter d'un nouveau chef-d'œuvre la mémoire de Jean Bullant. On sait qu'à la mort de Henri II, Montmorency tomba tout à coup en disgrâce. C'est alors que, le château d'Écouen étant complètement achevé, il eut l'idée de compléter les grands travaux commencés à Chantilly près d'un demi siècle auparavant par son père, le baron Guillaume, et ne crut pas mieux faire que de s'adresser pour cela à son architecte ordinaire, auquel le coup de lance de Montgomery venait aussi d'enlever son poste de contrôleur des bâtiments de la couronne. Le petit château n'est plus aujourd'hui qu'une dépendance des immenses et magnifiques constructions édifiées à grands frais par Mgr le duc d'Aumale, mais par bonheur il est resté entier et nous pouvons juger sciemment les théories que M. Palustre émet à son endroit. Il y voit, comme au portique des colonnes de Jupiter Stator, un essai tenté par l'architecte pour obvier à la monotonie engendrée par l'emploi continuel des ordres superposés. L'ordre colossal, inventé pour la circonstance, appartient donc en propre à Jean Bullant, et le petit château de Chantilly se trouve être par là le point de départ d'une série infinie d'édifices où cette ordonnance a été répétée à satiété. La comparaison de Chantilly avec l'ancienne entrée d'Écouen, dont les gravures de Du Cerceau nous conservent le fidèle souvenir, et avec l'avant-corps de la façade des terrasses, recommandée par M. Palustre, nous donne, en effet, beaucoup

(1) *Les grands architectes français de la Renaissance*, p. 153.

(2) M. de Montaiglon, *op. cit.*

à réfléchir. « Il en résulte évidemment qu'il existe entre les deux habitations élevées par le connétable de Montmorency, de tels liens de parenté, que l'architecte de la première ne saurait être étranger à la seconde. Tout autre maître n'aurait pu aller prendre à Écouen les défauts sur lesquels nous nous sommes appesanti à dessein, pour les développer avec cette fermeté de conviction qui n'appartient qu'aux inventeurs. Il eût établi un compromis entre ce qu'il empruntait à Jean Bullant et ce qui provenait de son propre fonds, et nous retrouverions en formation, quelque part ailleurs, au moins certaines combinaisons mises en pratique au petit château. L'absence de toute filiation autre est donc une preuve irréfutable, croyons-nous, de la vérité de notre assertion. » [1]

Après cela, il semble que tout est dit sur Jean Bullant et que la mémoire du célèbre architecte n'a plus rien à attendre des recherches des historiens. Mais ce n'est pas ainsi que l'entend M. Palustre, qui, sans perdre de temps, nous convie à aller avec lui à Fère-en-Tardenois. Nous nous empressons de l'y suivre, car, nous assure-t-il, le voyage en vaut la peine. Pour les esprits romantiques, il n'y a pas, dans tout le nord de la France, de site plus sauvage, de ruines plus pittoresques, entourées d'une solitude plus profonde, mais malheureusement, pour l'archéologue, qui n'est pas toujours aussi sentimental, il y a en même temps matière à de cuisants regrets. La dévastation s'est abattue aussi bien sur la forteresse du XIIIᵉ siècle que sur les embellissements accomplis par Anne de Montmorency aussitôt qu'il fut en possession du beau domaine de Fère [2]. Ce n'est pas là toutefois ce que nous allons voir à Fère, mais bien l'admirable pont de 61 mètres de longueur, construit un peu plus tard, qui franchit avec tant de hardiesse l'immense fossé de la vieille citadelle. Dans ce pont, en effet, presque contemporain du petit château de Chantilly, notre savant cicerone nous montre une

---

(1) *La Renaissance*, t. Iᵉʳ, p. 82. — M. A. Gruyer, dans un article sur *les Monuments de la Renaissance française dans la chapelle du château de Chantilly* (*Revue des Deux-Mondes*, 1ᵉʳ juillet 1884), admet l'attribution du petit château de Chantilly à Jean Bullant (p. 109 et 130), mais de M. Palustre et de la *Renaissance en France*, où cette opinion avait été produite pour la première fois cinq ans auparavant, il n'est pas question un seul instant.

(2) Il le reçut en don, en 1527, du roi François Iᵉʳ et de la reine-mère, Louise de Savoie, à l'occasion de son mariage avec Madeleine de Savoie.

œuvre nouvelle du maître d'Écouen. Si l'on ne considère que la grandeur imposante de l'ensemble, la correction des lignes et la pureté des profils, si l'on prête en même temps quelque attention à des défauts très reconnaissables après ce que nous avons vu à Écouen et à Chantilly, notamment aux longues fenêtres qui coupent les entablements, cette opinion absolument nouvelle ne rencontrera pas une bien grande résistance. Les réflexions que fait à ce sujet l'auteur de la *Renaissance* corroborent parfaitement son opinion, et, en dépit du manque absolu de preuves écrites, force est de se prononcer pour l'affirmative. « Seul, Jean Bullant a lutté avec les Romains dans la construction de ce pont gigantesque, qui mériterait de passer à bon droit pour une des œuvres les plus remarquables du xvi⁰ siècle, jeté à 20 mètres de hauteur une longue et magnifique galerie dont les débris nous étonnent par leur simplicité grandiose et préparé à un château la plus merveilleuse entrée que l'imagination des poètes ait pu rêver jamais [1]. »

Nous ne poursuivrons pas plus loin cet exposé des idées nouvelles dont Jean Bullant est l'objet. Beaucoup de vraisemblance milite pour leur adoption. On les discutera sans doute beaucoup plus à fond que nous venons de le faire et peut-être aurons-nous nous-même l'occasion de revenir sur cet intéressant sujet. Aussi bien n'avons-nous pas l'intention de consacrer ici à l'illustre architecte l'étude complète qu'il mérite peut-être plus que tout autre. C'est pourquoi nous n'avons parlé ni de l'hôtel de Soissons, qu'il édifia pour Catherine de Médicis, ni de la part qu'il prit à la construction du palais des Tuileries, sur lesquels les esprits sont depuis longtemps fixés. Mais quels que soient le jugement que l'on porte sur les opinions de M. Palustre et le sort que leur réservent des découvertes inattendues, on sera obligé de reconnaître que c'est déjà un grand point que de les avoir émises.

(1) *La Renaissance*, t. Iᵉʳ, p. 117.

II

Le petit nombre de renseignements que nous possédons sur les hommes de talent qui ont construit la belle église de Saint-Maclou de Pontoise ne permet pas, quant à présent, de dresser une généalogie complète de leur famille. Mais, à défaut de documents privés, la biographie d'un artiste peut, au besoin, tenir dans l'énumération et l'appréciation de ses œuvres, et, sous ce rapport, les Le Mercier offrent de fécondes ressources : il suffit d'examiner leurs créations authentiques et d'y rattacher tout ce qui rappelle leur manière. Entre les mains d'un écrivain réfléchi, qui veille à ne rien livrer au hasard, pareil système présente toutes les garanties désirables, et depuis que M. Palustre a, de cette façon, établi rigoureusement ce qui revient à Pierre et à Nicolas Le Mercier dans l'église Saint-Maclou, il nous a été relativement facile de trouver à compléter la liste de leurs productions. Il a fallu simplement parcourir les environs de la ville et tout notre mérite s'est borné à découvrir des édifices fort remarquables qui, jusqu'ici, n'avaient encore été signalés par personne.

L'infatigable et zélé président de notre Société recueille depuis longtemps les éléments d'une histoire complète des Le Mercier. Nous n'avons pas la prétention de le devancer, mais seulement d'étudier à ce point de vue l'ouvrage de M. Palustre et d'indiquer sommairement les résultats que nous avons nous-même obtenus. Nous nous bornerons donc à un travail de critique et à un essai de classification chronologique, en laissant à M. Seré-Depoin le soin de faire connaître les documents inédits qu'il a en portefeuille et dont, pour notre part, nous attendons la publication avec une vive impatience.

D'abord, il nous faut reconnaître que les Le Mercier sont grandement redevables à M. Palustre. Pour les architectes et les artistes de premier ordre dont il a retrouvé des œuvres inédites, « il ne fallait s'attendre qu'à des révélations partielles. Mais le cas est bien différent quand il s'agit de Pierre Le Mercier, dont nul n'avait songé à évoquer le nom à l'église Saint-Eustache. En outre, une fois de plus, il demeure certain que les fils, au xvɪᵉ siècle, succédaient aux pères et que la plupart de nos édifices sont à proprement parler des monuments de famille. Car Nicolas Le Mercier a continué ce que Pierre avait laissé inachevé et si Charles David, mari d'Anne, la fille de Nicolas, fut préféré à son beau-frère Jacques, le futur architecte de la Sorbonne et du Palais-Royal, c'est que son jeune âge ne permettait pas encore d'avoir recours à lui. » [1]

Ce fut à la fin du xvᵉ siècle que, pour des raisons qui nous sont restées inconnues, mais qui peuvent être expliquées par les désastres de la guerre de Cent-Ans, on jugea à propos de refaire la plus grande partie de l'église Saint-Maclou de Pontoise, en ne conservant que le transept et l'abside du xɪɪᵉ siècle. On édifia en premier lieu, mais encore dans le style flamboyant, la façade et le clocher, avant de démolir la vieille nef romane. Plus tard, vers 1525, on poursuivit l'accomplissement du projet en remplaçant, au nord, le bas-côté unique de l'ancienne église [2] par deux galeries spacieuses et une rangée de chapelles, et en réédifiant la muraille septentrionale de la grande nef. Cette construction est tout entière de Pierre Le Mercier, le premier de sa famille dont le nom mérite quelque attention. Car nous ne demandons pas mieux que de nous associer au raisonnement de M. Palustre, qui, de l'acte du 25 septembre 1552, cité par l'abbé Trou [3], conclut fort justement que l'architecte, loin de faire à la lanterne de la tour l'essai de son talent, était depuis longtemps déjà le « maître maçon » attitré de la fabrique. Du reste, comme toute la partie méridionale est d'un style absolument différent et

(1) *La Renaissance en France*, introd., p. vɪ.

(2) C'est ainsi qu'il faut entendre la note où M. Palustre dit que l'église n'avait alors qu'une seule nef.

(3) L'abbé Trou, *Recherches histor., archéol. et biogr. sur la ville de Pontoise*, p. 94. — *Calendrier histor. de Pontoise*, par H. Le Charpentier, p. 86.

que, d'un autre côté, la date de la mort de Pierre Le Mercier (1570) nous est connue, il faut alors procéder par élimination et, de la sorte, il devient bien certain que la construction en litige est de lui. Nous sommes sous François Ier [1] et l'art de la Renaissance est encore dans tout son premier éclat. L'élégance est unie à la correction comme la richesse au bon goût. L'œuvre est vraiment digne de louange et, dans le nord de la France, on trouverait difficilement à cette époque un intérieur d'église aussi remarquablement conçu. La belle porte orientale n'est pas indigne des admirables chapiteaux qui couronnent les piliers intermédiaires et qui reçoivent la retombée des voûtes avec tant de franchise et de légèreté. On se croirait encore à la meilleure époque du style gothique et nous comprenons fort bien l'enthousiasme de M. Palustre, qui s'exprime ainsi à ce sujet : « On ne pourra éternellement s'empêcher d'admirer avec quelle grâce légère les colonnes placées à la séparation des deux nefs septentrionales ont été conçues. Les chapiteaux surtout atteignent un tel degré de perfection qu'en les voyant il est difficile de ne pas songer au merveilleux monument du cardinal Louis de Bourbon, à Saint-Denis. C'est la même finesse d'exécution, le même charme dans l'arrangement des moindres détails. L'ornementation, lorsqu'elle est traitée de cette manière, devient de l'art le plus élevé et, si une chose a lieu de nous étonner, c'est que de semblables chefs-d'œuvre n'aient pas été depuis longtemps popularisés. » [2]

Nous ne saurions passer sous silence une autre partie de l'église dont la construction dut venir immédiatement après, mais dont le style diffère de celui adopté jusqu'alors. Nous voulons parler de la voûte, empreinte d'un certain luxe d'ornementation, qui, à la croisée, remplaça les combinaisons plus simples du maître de l'œuvre du xiie siècle [3]. La clef est timbrée d'F et d'H couronnées et de croissants, ce qui semble indiquer comme date la limite des règnes de François Ier et de Henri II, c'est-à-dire l'année 1547. Or, un document important [4] découvert par

(1) La date de 1545, inscrite sur l'un des vitraux de la chapelle de la Passion, est celle de l'achèvement des travaux de ce côté.

(2) *La Renaissance*, t. II, p. 11.

(3) Il se pourrait aussi que cette voûte ait succédé seulement à une voûte en bois établie provisoirement après la chute du clocher central, en 1309.

(4) Arch. municipales de Pontoise. (Fonds Pihan de la Forest, liasse D3, 83.)

M. Eugène Lefèvre-Pontalis, qui nous en a cédé la primeur avec la plus aimable obligeance, nous apprend que le 28 juillet 1541 la fabrique de l'église Saint-Maclou passa marché avec un maître-maçon de Pontoise, nommé Jean Delamarre, pour la construction de cette voûte et la réfection de celle du sanctuaire, moyennant la somme de 500 livres tournois. Cela n'infirme en rien l'opinion de M. Palustre sur les Le Mercier, car il est impossible d'identifier Jean Delamarre avec l'architecte soit de la partie nord soit de la partie sud de l'église : son style s'y oppose absolument. Mais il est permis de se demander pourquoi, en 1541, alors que rien ne faisait prévoir la mort de François Ier, les emblèmes de ce monarque (deux F) sont, sur la voûte dont il s'agit, en nombre inférieur à ceux de son successeur (une H et deux groupes de trois croissants). On ne peut expliquer ce fait qu'en admettant la non-exécution immédiate du marché.

Cette petite digression terminée, nous revenons à Pierre Le Mercier, qui, sans doute, avait perdu momentanément la confiance de la fabrique par suite des fréquentes absences que lui occasionnait la construction de l'église Saint-Eustache à Paris, dont il va être question plus loin. A cette époque, du reste, un ralentissement se fit sentir dans les travaux de Saint-Maclou qui s'interrompirent complètement au bout de quelque temps. C'est à peine si, redevenu libre, l'architecte primitif fit cesser l'inaction qui régnait dans les chantiers, en élevant, en 1552, le dômillon qui surmonte la tour occidentale. Il est supposable qu'en dehors du manque de ressources probable de la fabrique, Le Mercier commençait à perdre de son activité et à sentir les premières atteintes de la vieillesse. En effet, sa pierre tombale, aujourd'hui dans l'église Notre-Dame de Pontoise, nous apprend qu'il mourut le 21 mai 1570. Nous donnons l'inscription telle qu'elle a été publiée par M. Henri Le Charpentier dans la *Ligue à Pontoise* (p. 131) [1] : — « Cy gist le corps de honeste personne...

(1) Sur cette pierre, les défunts gravés au trait étaient représentés couchés. Il n'en reste aujourd'hui que la partie inférieure, qui comprend heureusement l'inscription, mais qui est confondue au milieu des dalles du grand escalier de Notre-Dame. L'inscription, usée par les pas des fidèles, sera dans peu de temps complètement effacée. Si le fragment qui subsiste de cette intéressante pierre tombale était dans un état de meilleure conservation, la Société historique de Pontoise devrait prendre à ce sujet des mesures protectrices.

Pierre Mercier [1], en son vivant mestre masson de l'esglise de céans, et trespassa le dimanche de la Trinité, xxie iour de may mil cinq cens soixante-dix, et Jehanne Fourment, sa femme, laquelle décéda le (en blanc) iour de.... mil v^e (en blanc) [2]. Priés Dieu pour leurs âmes. » —

Mais Pierre Le Mercier laissait un héritier de son talent et de son nom. Bien qu'aucun document ne nous le fasse savoir expressément, nous devons, en effet, considérer Nicolas comme le fils de Pierre et, si sa coopération à l'achèvement des deux édifices principaux commencés par ce dernier, Saint-Maclou et Saint-Eustache, ne le disait pas assez, sa fidélité à suivre la voie architecturale ouverte par la main paternelle y suppléerait. Faut-il ajouter cette preuve qu'au xvie siècle, tout le monde, dans une famille, exerçait la même profession de père en fils. En un mot, l'absence de texte n'est pas ici de grande importance et la chose, nous l'espérons, ne fait de doute pour personne.

Restait alors à construire la partie méridionale de Saint-Maclou, « où l'on sent une autre main que du côté nord, même en tenant compte des changements nécessités par l'époque où l'une et l'autre constructions ont été exécutées. » [3] Nicolas Le Mercier avait pris la direction des travaux vers 1566, c'est-à-dire avant la mort de son père. Aussi voyons-nous la manière dont le style de la Renaissance est traité changer du tout au tout, bien que l'ordonnance soit, au fond, absolument la même. La fantaisie gracieuse fait place à une certaine monotonie, la richesse dégénère en pesanteur, et aux charmants chapiteaux du collatéral nord succède, en se répétant indéfiniment, le lourd chapiteau composite : l'imitation de l'antiquité se fait plus servile et moins raisonnée. Force est de confesser que Nicolas Le Mercier s'est montré, dans la circonstance, inférieur à son père, et avec lui, « qui subissait, [il est vrai, l'influence de son temps, le règne de la lourdeur compassée fait invasion à Saint-Maclou.... Tout cela, en définitive, peut paraître plus classique,

(1) On écrivait indifféremment Mercier, Lemercier et Le Mercier.

(2) Faut-il supposer que la femme ne reçut jamais la sépulture dans la tombe qui lui avait été préparée ou bien sa mort est-elle postérieure à la destruction de l'église Notre-Dame, ce qui la ferait survivre près de vingt ans à son mari ? Ce sont là des questions qu'il n'est pas facile d'éclaircir.

(3) *La Renaissance*, t. II, p. 11.

mais au point de vue de l'art véritable, qui fait à la fois œuvre de science et de sentiment, le résultat obtenu est infiniment moins satisfaisant. » [1]

La construction, du reste, n'avança qu'avec beaucoup de lenteur et, tandis qu'à la croisée nous sommes sous le règne de Henri II, le dernier de ses fils, Henri III, était déjà sur le trône quand la dernière main fut mise à l'édifice. On peut aisément en suivre les progrès par les dates qui figurent en plusieurs endroits. On y lit, en effet, celles de 1566, 1570 et 1578. [2]

Comme le fait remarquer M. Palustre, la partie la plus ancienne est aussi la meilleure. La petite porte datée de 1566 qui s'ouvre près du transept, au sud, est, avec ses colonnes enveloppées de feuillages et les palmes qui garnissent les écoinçons de son arcade, un précieux exemple de ce que savait faire le fils de Pierre Le Mercier quand il n'avait pas à répondre aux exigences d'un programme imposé.

Pierre Le Mercier paraît avoir été très occupé, tant à Pontoise qu'à Paris, où nous allons le suivre tout à l'heure. Tous ses moments étaient pris et nous ne voyons que le village de *Champagne*, dans la vallée de l'Oise, en faveur duquel il ait pu s'arracher momentanément à ses préoccupations journalières, pour édifier, à la prière de la famille de Villiers de l'Isle-Adam [3], le porche qui donne encore aujourd'hui accès dans l'église. Il ne mérite, du reste, en aucune façon de nous arrêter bien longtemps et nous nous contenterons de faire remarquer que, si l'ornementation a un peu de la grâce des beaux chapiteaux de Saint-Maclou [4], les trois grandes niches du fond se relient fort mal avec la partie inférieure du portail.

(1) *La Renaissance*, p. 11-12.

(2) Ces trois dates sont indiquées par M. Palustre d'une façon fautive. La première ne figure pas au-dessus, mais à gauche de la porte latérale de l'est ; la seconde n'est pas sur le bas-relief du *marchand de drap à son comptoir*, mais sur un pilier différent, de même que la troisième, loin de se trouver gravée à une clef de voûte, se lit deux fois, au dedans et au dehors, sur les pilastres de l'une des chapelles les plus rapprochées de la façade. — M. Eugène Lefèvre-Pontalis nous a signalé une quatrième date, celle de 1585, à la partie supérieure de l'un des gros piliers de l'intertransept.

(3) L'abbé Grimot, *Inventaire de l'église de Champagne* (*Commission des Antiquités et des Arts de Seine-et-Oise*, 3e fasc., 1883, p. 77-79.)

(4) Des bustes humains sont saillants sous des frontons contournés auxquels sont adossés des amours nus. D'autres petits amours se mêlent à la décoration des dais.

C'est ici le moment de rappeler que, près de Champagne, à l'église de l'Isle-Adam, un autre beau portail, dont les riches voussures sont surchargées de dais, de statuettes, de feuillages et de rinceaux, est attribué depuis longtemps déjà à Jean Bullant [1]. La date de 1537 n'est pas un obstacle. Ce serait alors la première œuvre du grand architecte, qui l'aurait exécutée avant son voyage à Rome. Nous manquons absolument de preuves écrites pour ou contre cette opinion ; mais, autant que l'on peut en juger après la restauration moderne, il nous paraît que semblable exubérance ne convient guère au maître plein de goût qui a construit Écouen. A notre avis, le porche de l'Isle-Adam se rapproche beaucoup plus du faire de Pierre Le Mercier et, sans trancher la difficulté, nous soumettons cette solution à l'examen de ceux qui viendront après nous.

Il est grand temps, du reste, de nous acheminer vers Paris et d'aller considérer la création capitale de Le Mercier, en même temps que nous pourrons voir, non loin de là, un fort curieux exemple d'une fausse attribution consacrée par une inscription officielle. Dans l'Hôtel-de-Ville de Paris, en effet, tous les érudits s'accordaient à voir une œuvre étrangère. Ils s'appuyaient sur une longue inscription citée par Gilles Corrozet [2], qui était placée au-dessus d'une porte disparue à la fin du siècle dernier et se terminait par ses mots :

DOMINICO CORTONENSI ARCHITECTANTE.

Mais ce document, suspect à plus d'un égard, ne saurait entraîner l'hypothèse qui a été admise avec un accord admirable. Il est daté du 13 septembre 1533 et nous apprend que l'édifice fut commencé au mois de juillet précédent. Il est parfaitement impossible qu'en deux mois on ait pu atteindre presque la hauteur du premier étage et force est bien de songer aux remaniements effectués antérieurement à cette date et dont l'existence a été révélée par l'incendie de 1871. De plus, Dominique de Cortone, seul nommé dans l'inscription, figure encore, mais au quatrième rang cette fois, sur une pièce manuscrite de 1534, alors qu'en tête

(1) V. notamment *Notice historique et archéologique sur l'église paroissiale de l'Isle-Adam*, par l'abbé Grimot, p. 9.
(2) *Les Antiquitez, Histoires et Singularitez de Paris*, 1550, p. 157.

apparaît un français, Pierre Chambiges. Outre que le style de ce dernier est facilement reconnaissable après ce qu'on en a vu à Saint-Germain et à Fontainebleau, la qualification d'architecte donnée à son rival est loin d'être pour celui-ci un argument d'une grande valeur. Il est certain, effectivement, qu'à l'époque indiquée, ce mot ne voulait nullement dire maçon, mais bien maître charpentier. Or, c'est précisément la fonction que les documents nous le montrent exerçant constamment : il s'occupe d'art militaire, il fait « patrons et levées de boys tant de la ville et chasteau de Tournay, Ardres, Chambort, patrons de ponts à passer rivières, moulins à vent, à chevaux et à gens. » [1] De même que fra Giocondo, il est donc bien plutôt ingénieur qu'architecte, dans le sens que nous donnons aujourd'hui à ce mot. Si son nom se trouve, dans l'inscription de 1533, substitué à celui de Pierre Chambiges, c'est par suite d'un odieux mensonge et grâce probablement au talent d'intrigue qui le caractérisait, comme tous ses compatriotes. N'a-t-il pas dû à sa réputation de beau parleur le surnom de *Boccador* ?

Nous nous sommes contenté de résumer le raisonnement de M. Palustre, qui, on le voit, ne laisse rien à reprendre au point de vue de la logique. Mais si la question de l'Hôtel-de-Ville était résolue, il n'en était pas de même du problème soulevé à propos de l'église Saint-Eustache. Là encore, le Boccador reparaissait, sur la foi de Victor Calliat et de Leroux de Lincy [2]. Le style du monument se refusait pourtant à pareille attribution et le devoir d'évincer cet outrecuidant personnage s'imposait à tout critique sérieux. Mais par qui le remplacer ? « Le remplaçant, on nous l'amène de Pontoise, dit M. Anthyme Saint-Paul [3]. Le proverbe « revenir de Pontoise » n'était pas encore inventé au xvie siècle, et si l'on avait envie de plaisanter sur cette ville, il ne faudrait pas aller à Saint-Maclou. » C'est en effet à Pierre Le Mercier que M. Palustre fait honneur du bizarre et majestueux édifice qui a si longtemps été en butte aux sarcasmes d'une certaine école d'archéologues, les *trécentistes* comme on les appelait, qui n'étaient guère tendres

<hr/>

(1) 1531. *Comptes des bâtiments du Roi*, publiés par le marquis de Laborde, t. II, p. 204, — *Arch. Nat.*, J. 960, n° 69.

(2) *Eglise Saint-Eustache de Paris*, 1850, in-fol.

(3) *La Renaissance en France*, à propos du récent ouvrage publié sous ce titre (*Bulletin monumental*, t. 50 (:884), p. 255).

pour la Renaissance. Viollet-le-Duc, entre autres, y revient sans cesse. Il ne voit dans Saint-Eustache qu'un « monument mal conçu, mal construit, amas confus de débris empruntés de tous côtés, sans liaison et sans harmonie, sorte de squelette gothique revêtu de haillons romains cousus ensemble comme les pièces d'un habit d'arlequin. » [1] On ne saurait être plus souverainement injuste. M. Palustre fait preuve d'une plus grande impartialité et, tout en faisant la part des défauts, malheureusement très visibles, il trouve encore à admirer dans cette gigantesque église, dont l'intérieur est d'un effet si saisissant : « Quoi qu'en disent certains esprits trop exclusifs pour apercevoir les beautés d'un édifice qui n'appartient pas au moyen âge, l'église Saint-Eustache, tant par ses vastes proportions que par l'originalité de ses combinaisons architectoniques, est une des créations les mieux faites pour immortaliser son auteur. Certes, nous accordons volontiers que la composition des piles est quelque peu artificielle, que la trop grande élévation des bas-côtés a réduit le triforium au rôle d'une simple balustrade, tout en ne permettant pas aux fenêtres hautes de se développer suffisamment, que les nervures entrecroisées des voûtes n'indiquent plus la véritable construction, que les clefs pendantes rentrent dans la catégorie de ces bizarreries dont un art sérieux doit être exempt. Mais tout cela n'enlève rien à la majesté d'une vaste nef pourtournée par de doubles collatéraux qui reçoivent le jour par des fenêtres ouvertes sous leurs formerets, en même temps que par une ceinture de chapelles. En outre, si l'ornementation est parfois capricieuse, elle ne laisse jamais d'être pleine de noblesse et de grandeur, de sorte que certaines dispositions, que la sévère logique ne manquerait pas de condamner, exercent sur l'esprit une séduction extrême. L'architecte, il ne faut pas l'oublier, avait à lutter contre de fortes traditions, et les traits généraux de son œuvre lui étaient, pour ainsi dire, indiqués d'avance. Il s'agissait, en un mot, de résoudre ce difficile problème : construire dans le goût moderne une église du moyen âge. Or, pouvait-on mieux faire que ce que nous avons sous les yeux ? Nul n'oserait l'affirmer. L'église Saint-Eustache n'est pas seulement, au point de vue religieux, la plus brillante conception d'une époque qui a produit tant de monuments fameux, elle mérite encore une place d'honneur parmi

---

[1] *Dictionnaire raisonné de l'Architecture française*, t. Ier, p. 240.

les œuvres d'architecture que tous les âges recommandent à notre intelligente admiration. » [1]

Nous pouvons donc sans hésitation admirer dans Saint-Eustache l'œuvre la plus considérable des architectes pontoisiens au xvie siècle. Car l'attribution proposée par M. Palustre ne souffre aucune difficulté. Le style propre à Pierre et à Nicolas Le Mercier s'y retrouve avec ses qualités et ses défauts. Seuls, ils ont pu « répéter à Paris ces grands pilastres si élégamment ornés qui font saillie entre les fenêtres et jouent en quelque sorte le rôle de contreforts. A leur base comme à leur sommet, de riches feuillages mêlés parfois à des têtes de mort ou autres symboles funèbres [2] sont encadrés dans des demi-losanges. Enfin, des deux parts, les chapiteaux. remarquablement exécutés, affectent une ampleur peu commune et pour trouver quelque chose qui pût leur être comparé, il faudrait aller jusque sur les bords de la Loire. » [3] Bien d'autres points de ressemblance pourraient être signalés ; on pourra facilement s'en rendre compte et se convaincre que nous sommes bien en face d'une conception appartenant exclusivement aux maîtres désormais célèbres que M. Palustre a ainsi « tirés d'un oubli trois fois séculaire ». Du reste, grâce à la personnalité qu'ils ont mise chacun dans leurs créations, rien n'est plus facile que de suivre les différentes phases de la construction. La première pierre fut posée le 19 août 1532. On commença par le transept ou plutôt la croisée. Les travaux, par malheur, marchèrent avec beaucoup de lenteur, si bien que, lorsqu'ils furent interrompus, au bout d'une quinzaine d'années, il n'y avait encore de sorti de terre qu'une minime partie du chœur et deux ou trois chapelles, au nord. Pierre Le Mercier mourut avant même que des circonstances plus favorables permissent de remettre la main au monument. Ce fut son fils, Nicolas, qui, en 1578, et pour un laps de temps encore plus court, fut chargé de ce soin. A cette date, on s'en souvient, il avait terminé la partie méridionale de Saint-Maclou de Pontoise et se trouvait par conséquent libre

(1) *La Renaissance*, t. II, p. 130-131.

(2) « Sans vouloir appuyer plus qu'il ne convient sur certains rapprochements, nous croyons utile de faire remarquer qu'à Paris comme à Pontoise, se trouve figurée sur un pilastre une tête de mort surmontée de la légende : *Memento mori.* »

(3) *La Renaissance*, t. II, p. 130.

de son temps. Deux ans après, les travaux étaient de nouveau suspendus, plusieurs piliers de la nef et quelques chapelles ayant seuls pu être édifiés. De longues années s'écoulèrent encore dans l'inaction et il faut attendre quarante ans pour voir Charles David, gendre de Nicolas Le Mercier [1], lui succéder comme maître de l'œuvre. Sous son active direction, tout marcha rapidement et, dès 1629, le chœur et la nef, achevés, ne réclamaient plus qu'une façade. Mais cette partie de l'église ne reçut son complément qu'au milieu du XVIIIe siècle et dans un style fort peu en rapport avec celui employé jusqu'alors. Car Charles David avait tenu, avec beaucoup de raison, à ne créer aucun disparate et il avait suivi fidèlement les plans laissés à son beau-père par Pierre Le Mercier. [2] « Le miracle opéré par trois générations d'architectes appartenant à la même famille et imbus des mêmes traditions, ne pouvait se continuer indéfiniment. C'était déjà beaucoup d'être arrivé au résultat dont nous avons parlé, et bien rares sont les édifices qui présentent, dans leur ensemble, un pareil exemple d'unité. » [3]

Les deux églises de Saint-Eustache et de Saint-Maclou constituent les œuvres les plus importantes des Le Mercier. Pierre, nous l'avons vu, n'a presque rien laissé en dehors de Paris et de Pontoise [4]. Mais il n'en est

(1) D'après M. Palustre.

(2) L'épitaphe de Charles David, mari d'Anne Le Mercier, mort le 4 décembre 1650, à 98 ans, est rapportée par M. Palustre (p. 132). Elle se voyait autrefois dans l'église à l'achèvement de laquelle il avait si puissamment contribué.

(3) *La Renaissance*, t. II, p. 133.

(4) Son épitaphe permet peut-être de lui attribuer une part dans la construction de la grande église Notre-Dame de Pontoise, dont les descriptions nous font tant déplorer la perte. Mais nous n'osons rien affirmer, car la place qu'occupe le fragment de pierre tombale laisse prise à beaucoup de doute. Rien ne prouve qu'il provienne de cette ancienne église et, en tout cas, Nicolas Le Mercier qui a construit l'église actuelle (comme on le verra plus loin), n'aurait pas laissé employer à un aussi profane usage les restes du tombeau de son père. Le fragment en question peut tout aussi bien être un débris d'un ancien pavage de Saint-Maclou. Taillepied, il est vrai, nous apprend que, de son temps, l'église Notre-Dame n'était pas terminée et qu'on y ajoutait une ceinture de chapelles. Mais Taillepied écrivait en 1587 et, à cette date, il y avait déjà dix-sept ans que le maître était descendu dans la tombe. Quant à supposer qu'il travailla à Notre-Dame après la construction du dôme de Saint-Maclou, aucun document ne nous l'affirme et la réserve nous est commandée sur ce point. Il serait bien téméraire, dans cette circonstance, de se prononcer et mieux vaut avouer qu'à ce sujet nous sommes réduit à n'émettre que de simples conjectures.

pas de même de Nicolas, qui acquit bientôt un renom tel que, dans un certain rayon autour de cette dernière ville, il ne s'est presque rien fait sans sa participation durant la seconde moitié du xviᵉ siècle. Nombreuses sont les églises qu'il a construites ou seulement agrandies ; mais, quant aux édifices civils, nous ne voyons rien à son actif, si ce n'est la forteresse de Pontoise, dont nous parlerons plus tard. Pour apprécier son talent appliqué à autre chose qu'à des édifices religieux, la seule œuvre probable que nous avions quelque chance de rencontrer n'existe plus. Nous voulons parler du manoir de *Launay,* situé à deux kilomètres au nord de Nesle-la-Vallée. Il était, nous a-t-on affirmé, de pur style Henri II et présentait beaucoup d'intérêt. Mais actuellement il n'en reste plus pierre sur pierre. On l'a démoli il y a huit ans, en n'épargnant qu'une haute tour de défense du xviiᵉ siècle, maintenant transformée en pigeonnier. [1]

Toutefois, s'il y a pénurie complète pour l'architecture civile, les églises nous fournissent amplement de quoi motiver notre appréciation sur Nicolas Le Mercier. Assurément, ce n'était pas un esprit ordinaire. Il est rare de voir, à l'époque de ses débuts, un architecte pousser aussi loin l'amour de la grandeur et de la sévérité. Il avait probablement fait, avant de se livrer à la pratique de son art, de solides études architectoniques et suivi attentivement l'évolution artistique dont fut témoin le milieu du xviᵉ siècle. Jean Bullant paraît avoir surtout excité son admiration : l'adoption, peu de temps après leur premier emploi par le célèbre architecte, des entablements qui chez lui surmontent les colonnes, quelle que soit la place qu'elles occupent, en est le vivant témoignage.

Il paraît, du reste, avoir fait preuve d'une singulière précocité. Sa naissance doit être rapportée aux abords de l'année 1540 [2] et dès 1561, nous le voyons commencer la construction de la remarquable tour carrée qui remplaça le clocher central de l'église de *Chars.* La renommée du

---

(1) Nous nous plaisons à croire que, si la Société historique de Pontoise avait été constituée à cette époque, elle n'eût pas manqué au devoir de plaider la cause du manoir de Launay et que, même si ses efforts avaient été vains, elle eût cherché à préserver d'une destruction complète les parties les plus intéressantes de la décoration. Mais rien de tout cela n'a été fait. Chose inconcevable, il ne s'est trouvé personne pour photographier ou pour dessiner ce pauvre manoir, dont rien, à l'heure actuelle, ne conserve le souvenir.

(2) Il mourut en 1637, à l'âge de 96 ans. (Renseignement fourni par M. Seré-Depoin).

père aura heureusement servi les débuts du fils, sans que celui-ci d'ailleurs ait un seul instant songé à se créer une gloire facile dans des lauriers de famille. Ce premier essai révèle au plus haut point la tendance sur laquelle nous venons d'insister. La date de 1562 se lit à mi-hauteur et, au sommet, celle de 1576 est répétée sur les quatre faces. Les contreforts se terminent par des pilastres composites aussi caractéristiques que les enroulements de la frise supérieure. Tous les détails sont soigneusement étudiés et l'ensemble, en résumé, fait le plus grand honneur à l'architecte. [1]

Toutes les églises, à cette époque, étaient livrées au démon de la construction. Partout on agrandissait quand on ne réédifiait pas tout à fait. Mais souvent on présumait trop de ses forces et on se trouvait obligé, faute de fonds, de s'arrêter à moitié chemin. Par exemple, rien ne nous attirerait pour le moment à *Livilliers,* si Nicolas Le Mercier n'y avait commencé la construction d'un collatéral au nord de l'église par un ravissant porche d'entrée où il a déployé la plus savante et la plus élégante richesse. Cette œuvre doit, selon nous, être à peu près contemporaine de la petite porte méridionale de Saint-Maclou. En tout cas, c'est bien avec celle-ci le morceau qui fait le mieux juger de l'incontestable talent du maître pontoisien. Il s'y montre par extraordinaire dépouillé de toute prétention à la majesté, mais au contraire revêtu de toutes les séductions d'un esprit qui, bien que visiblement guidé par la raison, tient à conserver au moins une apparence de liberté. C'est ainsi que les deux colonnes supportant, sur la face antérieure, une frise très remarquable, où des feuilles d'acanthe figurent entre des triglyphes [2], sont surmontées de chapiteaux qui n'ont rien de classique. Sur les côtés, d'élégants pilastres font office de contreforts, comme à Saint-Maclou et à Saint-Eustache. L'entrée est une arcade étroite, à cintre guilloché, dans les écoinçons de laquelle se voient de belles branches de laurier. A droite et à gauche, une niche aussi simple qu'élégante complète la décoration. L'intérieur du porche, jadis ouvert latéralement comme celui de

(1) Cette tour et la belle église romano-ogivale qu'elle surmonte laissent voir d'inquiétantes lézardes. La curieuse rose qui éclaire le croisillon sud s'écrase et s'affaisse de plus en plus ; elle est fort intéressante à rapprocher de celles d'Auvers et de Nesle-la-Vallée, qui sont de la même époque.

(2) A la partie en retour d'équerre, les feuilles d'acanthe font place à des patères.

5

Champagne, est abrité par une voûte en berceau ornée de caissons. Au tympan de la porte donnant sur l'intérieur de l'église, est sculptée la louange de la Vierge. [1]

A *Cergy,* au moins, si la fabrique ne demandait pas mieux que de satisfaire sa vanité en se mettant à l'unisson de ce qui se faisait autour d'elle, il faut avouer que la nécessité de reconstruire presque tout entière l'église paroissiale se faisait impérieusement sentir. L'invasion anglaise du xv⁵ siècle avait pour ainsi dire ruiné l'édifice, si bien que, lorsqu'au bout de plus d'un siècle, on se décida à jeter les fondements d'une nouvelle nef, on ne put rien conserver des anciennes murailles. La flèche du vieux clocher du xiie siècle, placé sur l'intertransept, n'existait plus et, au risque de tout compromettre, par suite du défaut de contreboutement, Nicolas Le Mercier, qui avait été chargé de répondre au désir des habitants, ne craignit pas d'élever dans le style alors en usage un troisième étage qu'il couronna par une nouvelle flèche en pierre à clochetons. Il est facile de se rendre compte des proportions considérables que l'on entendait donner à la nef. Seulement, les travaux ne furent pas conduits avec toute l'activité désirable et, au bout de quelque temps, les troubles de la Ligue vinrent les entraver pour toujours, de sorte qu'à la fin du xvie siècle comme aujourd'hui, on voyait seules debout une partie des murs du latéral sud et la façade du vaste porche que l'on voulait bâtir au nord de la nef, c'est-à-dire du côté du village. Toutefois, il nous en reste suffisamment pour que la main de Nicolas Le Mercier soit parfaitement reconnaissable. Tout l'intérêt se concentre sur le joli porche indiqué. Il se compose d'une vaste entrée, occupant une travée centrale, tandis qu'à droite et à gauche une partie latérale plus simple donne une idée de l'importance qu'aurait eue l'avant-corps projeté. De chaque côté, deux colonnes composites accouplées soutiennent un entablement dont la frise est ornée de rinceaux qui manquent de légèreté. Une large arcade guillochée, dans les écoinçons de laquelle figurent des branches de vigne fort bien exécutées, s'ouvre dans l'espace compris entre ces colonnes. La voussure, peu profonde, est décorée de caissons et de médaillons où des anges tiennent les instruments de la Passion. Tout cela est loin de

(1) Ce porche est dans un état de délabrement déplorable.

constituer un chef-d'œuvre. On ne comprend pas, notamment, le rôle que jouent dans l'ensemble les deux petits cintres ajourés du linteau, qui, aussi bien que trois niches massives, contrastent désagréablement avec les lignes plus sévères déterminées par les belles colonnes latérales. Quel besoin y avait-il, en outre, d'élever si haut l'arcade pour le plaisir de couvrir le tympan d'une composition sculptée (Notre-Seigneur et les Apôtres dans le jardin des Oliviers) qui ne satisfait aucunement l'esprit.

Le porche de Cergy est notoirement inférieur à celui de Livilliers, et pourtant il est visible qu'il a coûté à son auteur plus de recherches et plus d'efforts. L'étude que nous venons d'en faire nous conduit à en rapprocher celui qui donne accès latéralement dans la nef méridionale de l'église de *Marines*. Nef et porche peuvent être, avec beaucoup de vraisemblance, réclamés par Nicolas Le Mercier et, si la première est caractérisée uniquement par la présence d'entablements au-dessus de chapiteaux ioniques, le second rappelle trop bien, comme agencement, ce que nous venons de voir pour que cette solution n'ait pas notre suffrage. C'est un avant-corps d'une largeur médiocre, dans lequel est creusée une arcade assez profonde, encadrée par deux longues colonnes dont les chapiteaux présentent une disposition particulièrement élégante : du sommet de la corbeille tombent deux feuilles d'acanthe qui se recourbent de la façon la plus gracieuse. Ces colonnes soutiennent un entablement mutilé, pourvu de consoles sans ornements. Quant au fronton, d'une disposition ingénieuse, il sert d'accompagnement à un cadran d'horloge. Les ébrasements de l'arcade sont ornés sur chaque face de trois petites niches ménagées entre des pilastres composites. La voûte fuyante qui les couronne est divisée en caissons carrés, où se voient des rosaces, des fleurons, des têtes d'anges et des génies.

Il est nécessaire d'indiquer ici qu'à *Évecquemont*, sur les hauteurs qui dominent la Seine, existe un porche copié sur celui de Marines et qui est incontestablement du même architecte. Le bas-côté, contre lequel il est appliqué, édifié en même temps, était orné à l'extérieur d'une frise à triglyphes et patères malheureusement cachée par une épaisse couche de plâtre.

Si nous ne nous trompons, c'est à une date à peu près contemporaine de celle du porche de Cergy que la fabrique de la petite paroisse de *Génicourt*, près Pontoise, conçut le projet de donner une triple nef à son église. Mais là encore les réserves faites en vue de cette dépense furent bien vite épuisées et on ne put qu'à grand'peine terminer un seul collatéral, celui du sud. Le faire de Nicolas Le Mercier s'y révèle par de nombreux détails. Pour la première fois, nous voyons notre architecte s'emparer du motif cher à Jean Bullant, que nous avons eu souvent déjà l'occasion de signaler. Nous remarquons en même temps une tendance de plus en plus marquée à la simplicité. Tout ceci s'applique à l'intérieur. A l'extérieur, on s'arrête surtout devant une entrée assez gracieuse, condamnée depuis longtemps et qui témoigne comme d'un retour passager aux traditions antérieures. [1]

A peu de distance de là, sur la colline qui porte le village d'*Épiais*, on ne se contenta pas d'agrandir, mais on jeta bas tout ce qui subsistait de l'ancienne église, pour bâtir le vaste édifice dont la tour domine toute la contrée. Si un examen attentif peut parfois suppléer à un texte, c'est bien dans la circonstance, et, en voyant les chapiteaux composites répandus à profusion et les entablements qui les surmontent, le nom du fils de Pierre Le Mercier est bien vite prononcé. Cette fois, par extraordinaire, les ressources ne firent aucunement défaut [2] et, au bout d'un nombre d'années assez restreint, l'église put être livrée au culte. Le portail seul est un peu moins ancien. Peut-être se réclame-t-il de Denis Mercier, sans doute proche parent de l'architecte primitif, qui, ainsi que nous l'apprend un document indiqué par M. Seré-Depoin, travailla au monument en 1621. En tout cas, le vaisseau principal, construit d'un seul jet, ne saurait, selon nous, être antérieur à 1570, ni postérieur à 1590. A cette date, on était déjà loin des ravissantes délicatesses de la première moitié du siècle et le style alors en vigueur avait un caractère

---

(1) Au-dessus de cette porte, on voit en buste sainte Véronique tenant le voile mystérieux et la Sainte-Vierge. Sous chacune d'elles est une inscription en caractères gothiques, que, dans un examen rapide, j'ai lue ainsi :

Vous qui cette yst(oire) voies vous estes
bien inocent sy vous ne y penses

—

Vous q̄....... me voyeʒ ayes ē memoire
Avec cœur des douleurs q̄ pour vous ay porté.

(2) Grâce peut-être aux libéralités des Montmorency, dont l'écusson décore une des clefs de voûte du chœur.

de simplicité monotone qui frise de bien près la froideur. A première
vue, on se croirait en présence d'une église bâtie sous Louis XIV. On y
sent, de la part de Nicolas Le Mercier, une rupture complète avec tout
ce qu'il a fait précédemment et grande est la distance, par exemple, qui
sépare le porche de Livilliers du chœur d'Épiais. Ce n'est pas que dans
l'un comme dans l'autre on ne voie qu'il marche vers le même but;
mais quelle différence dans les résultats! Ici il interprète; là il copie ou
plutôt il interprète moins habilement. A Épiais, il surenchérit sur ce
que son style présentait déjà de suffisamment classique et nous ne pen-
sons pas qu'il faille beaucoup l'en louer. Toute l'ornementation extérieure
réside dans les moulures des corniches. A l'intérieur, où l'obligation
s'imposait de suivre les errements consacrés, nous voyons encore des
clefs de voûte ornementées et les bustes des Apôtres et des Évangélistes,
accompagnés de N.-S.-J.-C., se détachant d'un entablement, au pourtour
du sanctuaire. La tour est placée dans une situation identique à celle de
Chars, dont elle rappelle aussi les dispositions architectoniques. On
remarque spécialement la coupole de couronnement, évidemment inspirée
de l'amortissement de la tour de Saint-Maclou et de celle de Beaumont-
sur-Oise. Le clocher d'Épiais est bien conçu, mais ce qui nous semble
moins heureux, c'est la division de l'abside polygonale en deux étages
par un entablement saillant, destiné à porter à l'intérieur une galerie
absolument inutile, ce qui a contraint de reléguer les fenêtres basses à
l'extrémité d'un enfoncement profond. Pareille disposition peut être
élégante dans une église considérable, mais dans une construction comme
l'église d'Épiais, où l'on paraît s'être étudié à ne pas dépasser une certaine élévation, elle est d'un effet disgracieux.

Dirigeons-nous maintenant vers *Ennery*, où, à l'époque qui nous
occupe, on remplaçait le chœur d'une grande et curieuse église de
transition. L'architecte a copié si fidèlement ce qu'il avait fait à Épiais
et de si nombreux points de ressemblance existent avec la partie méridionale de Saint-Maclou de Pontoise qu'il ne saurait exister le moindre
doute sur son nom. Comme à Épiais, le sanctuaire est éclairé par deux
étages de fenêtres, les transepts sont terminés par une rose et deux
fenêtres géminées et autour du chœur apparaissent les bustes des Apôtres
et des Évangélistes. Le chapiteau composite fait encore presque tous les
frais de la décoration. Les colonnes étagées qui se dressent aux angles de

quelques piliers représentent seules l'ordre ionique. Du reste, tout cela est moins classique qu'on pourrait le croire et l'architecte a ici, beaucoup plus que dans l'église précédente, cherché à varier ses motifs. Seulement ce qui manque, c'est la faculté créatrice. Nicolas Le Mercier se répète plus souvent que de raison.

Nous aurons clos la liste des édifices élevés par le second en date des architectes pontoisiens quand nous aurons dit que l'église actuelle de Notre-Dame de Pontoise, qui a remplacé la splendide basilique du xvᵉ siècle, lui appartient aussi en propre. C'est, d'ailleurs, un édifice peu remarquable, élevé à la hâte [1] et dont la tour seule présente quelque chose d'assez caractérisé pour servir de base à une attribution.

Ajoutons seulement pour mémoire que le 25 décembre 1594, par acte passé devant Prevost, notaire à Pontoise, le gouverneur de cette ville, Charles d'Halaincourt, signa avec « Nicolas Lemercier, masson, demeurant à la Foullerie, » un marché relatif à la construction d'une citadelle au nord de Pontoise [2]. Cet ouvrage, qui échappe entièrement à notre appréciation, ne fut jamais achevé.

Rien ne nous empêche maintenant de jeter un coup d'œil d'ensemble sur les deux architectes dont nous venons d'indiquer rapidement les œuvres principales. L'oubli dans lequel ils étaient tombés nous impose le devoir de leur rendre justice, et, on le reconnaîtra avec nous, jamais oubli ne fut moins mérité. Car le premier des deux, Pierre Le Mercier, est bien l'un des plus dignes représentants qu'ait rencontrés en France l'art de la Renaissance à son apogée, et, chose rare, la tendance naturelle qui portait alors à innover ne l'a jamais fait enfreindre les règles tracées par le bon goût. La richesse des détails, l'harmonie des lignes, une grande pureté de style, une certaine élévation de sentiment en même temps qu'une heureuse variété, voilà les qualités éminentes qui le distinguent. Il est bien de cette école d'artistes brillants et féconds, de ces modestes « maîtres maçons, » qui rendirent à bon droit célèbre le règne de François Iᵉʳ, et il peut prendre place, au-dessous de Jean Bullant, de

---

(1) Dédié le 16 avril 1599 par Guillaume de Blancas, évêque de Vence.

(2) Cf. *la Ligue à Pontoise*, par H. Le Charpentier, p. 225, et *Calendrier historique de Pontoise*, par le même, p. 128.

Jean Goujon et de Pierre Lescot, à côté des Le Breton et des Chambiges. Il ne manquait jamais de soumettre au raisonnement et à la réflexion chacune de ses conceptions et rien n'est plus charmant qu'un édifice sorti de ses mains. Si, dans les parties décoratives, se révèle partout l'ornemaniste brillant et plein d'originalité, l'ensemble, aussi correct que gracieux, montre qu'il avait fait une étude approfondie de l'antiquité et qu'il en savait allier les formes avec un rare bonheur aux saines traditions de l'architecture nationale.

D'ailleurs, à tout prendre, Nicolas Le Mercier n'est pas plus classique que son père. Si le goût de son temps recherchait déjà les formes lourdes et pesantes de l'antiquité mal comprise et mal interprétée, notre architecte, imitant l'exemple paternel, ne paraît y avoir sacrifié en général que dans de raisonnables limites. Loin de s'astreindre à reproduire servilement les ordonnances qu'il se propose comme modèles, nous le voyons, au contraire, les revêtir de la marque d'une puissante originalité. Ses chapiteaux composites, dont il a parfois quelque peu abusé, ont un cachet personnel qui ne permet pas de les oublier. Les pilastres qu'ils surmontent sont le plus souvent, comme à Saint-Maclou, ornés de cartouches et de médaillons. Si, dans cette église notamment, l'ensemble manque de mouvement et de vigueur, la faute ne doit pas lui en incomber entièrement, car il ne put qu'approprier au goût du jour ce qui existait déjà du côté nord. Au surplus, pour bien juger du talent et de la noble inspiration qui l'animent lorsqu'il a l'esprit dégagé de toute préoccupation, il suffit de jeter un coup d'œil sur la charmante porte datée de 1566. Dans cette œuvre, quoique inachevée, son esprit sagement raisonné a même temps qu'un dernier hommage aux qualités de charme et d'élégance trop tôt dédaignées, un excellent exemple de ce que pouvaient fournir, entre les mains d'un homme habile, les données alors à la mode. — Au porche de Livilliers, qui est à peu près de la même date, la fantaisie n'a pas heureusement encore perdu ses droits à la sympathie de Nicolas Le Mercier. Elle éclate peut-être plus encore qu'à Saint-Maclou et si, çà et là, maints détails rappellent l'antiquité, nous n'en voyons pas moins des arrangements absolument français.

Peu à peu, cependant, le maître en vint à sacrifier davantage au penchant de ses contemporains. Son style perdit ce qu'il avait conservé jusque-là de liberté et d'indépendance. C'est à cette seconde manière qu'il faut rapporter les églises d'Épiais et d'Ennery. Non seulement elle nous paraît bien inférieure à la première, mais il est facile de voir aussi qu'il ne gagne nullement à la pratiquer. Il perd rapidement son originalité et la décadence ne tarde pas à se faire sentir. L'esprit d'invention, de création disparaît ; il en est réduit à copier son père et à se copier lui-même.

III

Nous venons de voir la partie orientale du Vexin français soumise durant la seconde moitié du XVIe siècle à l'influence de ce que nous pourrions appeler l'école de Pontoise, si cette prétendue école n'était représentée seulement par deux architectes successifs. Pendant ce temps, la partie occidentale de la même contrée, comme sa voisine, était témoin de grands travaux, mais c'est de Gisors que, de ce côté, l'impulsion paraît avoir été donnée. Mantes ne peut revendiquer qu'une action assez faible sur le mouvement artistique de la Renaissance et nous ne croyons pas que Nicolas Delabrosse ait jamais tenté de lutter avec les Le Mercier et les Grappin.

En ce qui concerne ces derniers, du reste, si les comptes de dépenses conservés dans les archives de l'église de Gisors, et que M. de Laborde a le premier fait connaître en 1849 [1], attestent la part très importante qui leur revient dans l'érection de ce monument, ils ne nous renseignent que d'une façon imparfaite sur leur vie privée, et nous avouons n'être pas en état présentement de donner une filiation complète de leur famille. M. Palustre lui-même ne semble pas très fixé sur ce point et, tandis qu'aux passages de son livre où il traite des églises de Montjavoult et de Gisors, il paraît croire, avec M. de Laborde, à l'existence de deux architectes du nom de Jean Grappin, le second fils du premier, nous le

(1) *Gisors. Documents inédits tirés des archives de Saint-Gervais et Saint-Protais*, par le comte Léon de Laborde, dans les *Annales archéologiques*, t. IX. — Tirage à part sous ce titre : *Gisors. La Tour du Prisonnier et l'église Saint-Gervais et Saint-Protais*, doc. inéd. extraits du trésor de l'église. Paris, imp. Claye, 1849. — Nos citations seront faites d'après les articles originaux, le tirage à part ayant été fait à très petit nombre.

6

voyons les réunir en un seul lorsqu'il décrit les églises de Magny, de Saint-Gervais et de Vétheuil.

Les recherches auxquelles nous nous sommes livré n'ont encore fourni que des résultats insuffisants et jusqu'à un certain point contradictoires. Néanmoins, d'après le peu de documents que nous avons entre les mains et aussi d'après les monuments, nous croyons pouvoir affirmer que deux générations seulement de Grappin travaillèrent à Gisors pendant le xviᵉ siècle. La première est représentée par Robert Grappin, qui dut naître vers 1485 et qui eut la direction des travaux depuis 1521 jusqu'à sa mort, arrivée au commencement du règne de Henri II, et par ses frères Jacques et Michel Grappin ; la seconde par les deux fils de Robert Grappin, qui portèrent l'un et l'autre le prénom de Jean. L'aîné de ceux-ci, le plus célèbre de tous, naquit vers 1510 et mourut vers 1580 ; le cadet, né un peu plus tard, vers 1530, est surnommé le Jeune jusqu'à la mort de son frère et meurt à la fin du règne de Henri IV. Enfin, une troisième génération est représentée d'un côté par Etienne, l'un des fils de Jean Iᵉʳ, et de l'autre par Gervais et Claude Grappin, femme d'Achille Le Tellier, enfants de Jean Grappin le Jeune ; mais aucun de ces derniers n'eut un rôle actif à Gisors. Il est bien entendu que ces dates et cette généalogie ne sont donnés ici que sous bénéfice d'inventaire et qu'elles peuvent subir quelques modifications. C'est pourquoi nous n'insisterons pas aujourd'hui sur ce côté intéressant de la question. Nous nous tiendrons à l'examen des monuments, en attendant que, comme les Le Mercier, les Grappin aient enfin leur historien.

De même que Saint-Maclou de Pontoise, l'église paroissiale Saint-Gervais et Saint-Protais de Gisors fut reconstruite presque totalement pendant le cours du xviᵉ siècle. Nous ne serions pas éloigné de rattacher les causes de cette détermination plutôt aux besoins que présentait sans doute une population augmentée par une longue paix intérieure qu'aux désastres de la dernière invasion anglaise. La conséquence fut la démolition complète de la nef et du transept de l'ancienne église [1]. Les

---

(1) Les premières travées, au moins, de la nef avaient certainement été élevées lors de la construction de la tour centrale. Quant aux transepts, dont la démolition n'était pas nécessaire, leur solidité laissait sans doute à désirer ou leur disposition intérieure ne se prêtait peut-être pas à un raccord avec les cinq nefs projetées dès cette époque. On ne détruisit, en tout cas, que ce qu'il était impossible de conserver.

travaux furent commencés en 1497 et, dix-huit ans plus tard, à l'avénement de François Ier, toutes les chapelles autour du chœur, le croisillon sud et le portail du même côté étaient achevés, sous les directions successives de Pierre Gosse, qui mourut le 4 mai 1504, et de Robert Jumel, son beau-frère. Ce dernier, de 1515 à 1521, édifia le beau portail du nord, dont les sculptures sont en grande partie l'œuvre de Robert Grappin, qui, à la mort de Robert Jumel, lui succéda dans les fonctions de « maistre maçon de l'œuvrage de l'église. »

Jusqu'ici, l'art gothique occupe une part exclusive dans l'entreprise. C'est seulement à partir de 1525 que se montrent dans l'église de Gisors les premières traces du style de la Renaissance. Non pas qu'il ait ainsi pénétré brusquement dans la place : il semble, au contraire, être d'abord resté en partage à de timides essais et, à l'intérieur surtout, on paraît pendant longtemps l'avoir évité avec soin. C'est à la tour du nord et seulement vers 1535 que furent effectuées les premières tentatives dans ce genre offrant quelque intérêt.

A peine le portail nord eut-il reçu son dernier couronnement qu'on se tourna vers la nef, en commençant par les chapelles méridionales, qui paraissent, pour la majeure partie, avoir été élevées avant 1526 [1], puis on continua par les bas-côtés et les chapelles du nord et, dès 1528, tant les travaux avaient été poussés avec activité, on songea à édifier la grande nef, en même temps que l'on jetait les fondements de la tour septentrionale dont l'achèvement correspond à l'année 1540. La nef alors, de son côté, était bien près d'être terminée, lorsque, le 8 décembre 1542, la voûte s'écroula tout à coup. On fut obligé d'avoir recours aux quêtes et aux aumônes pour subvenir aux dépenses imprévues que cette catastrophe avait occasionnées : « Vray est que après l'infortune de ventz advenue en la nef, le jour de Nostre Dame Conception dernier, fut donné et aulmosné par aulcuns desdits paroissiens quelques deniers pour aider à reffaire les démolicions advenues en la presente nef. » [2]

A cette époque, le gros œuvre du portail occidental était fort avancé,

(1) Cette date se lit en deux endroits : d'abord au dessus du célèbre *squelette* encastré dans la muraille de la chapelle Saint-Clair et ensuite sur le pilier connu sous le nom de *pilier des marchands*.

(2) Léon de Laborde, *op. cit.*, p. 208 (ann. 1543).

car l'édification de cette partie du monument avait nécessairement été menée de front avec celle de la nef. L'écroulement de 1542 n'atteignit pas le mur du pignon, sans quoi nous ne verrions pas aujourd'hui les parois du porche central et encore moins la grande ogive remplie de niches et d'arcatures autrefois ajourées existant à la partie supérieure, qui datent, les premières comme la seconde, de la construction primitive. Quoi qu'il en soit, on se remit sans défaillance à la besogne interrompue d'une façon si malheureuse et, en 1558, on peignait et dorait « les dentz, clefz et croix estant à la voulte de la nef. » [1] Mais, pendant ce temps, la façade avait dû être délaissée et ceci explique la différence très visible qui existe entre les parties haute et basse et la région médiane, plus jeune d'une quinzaine d'années. On ne sera pas étonné d'apprendre qu'à la fin du règne de Henri II, lorsque l'on commença à regagner le temps perdu, la direction des travaux n'était plus entre les mains de Robert Grappin, qui était mort en 1547 ou 1548 [2], laissant deux frères, Jacques et Michel, d'un talent bien inférieur au sien [3] et qui le suivirent de très près dans la tombe, et deux fils, dont l'aîné va nous occuper spécialement tout à l'heure. Mais, soit que celui-ci travaillât ailleurs, ce qui est certain, soit, en outre, que l'on n'ait pas voulu, pour des raisons quelconques, lui confier le relèvement de l'édifice, nous ne le retrouvons dans les comptes, comme successeur de son père, qu'en 1558. L'intérim paraît avoir été rempli par Pierre de Montheroult, aux appointements considérables de douze sols par jour [4]. A peine installé, Jean Grappin songe à parachever l'œuvre commencée depuis de si longues années. Mais, comme le dit très bien M. Palustre, « à cette époque le goût n'était plus le même qu'au temps de François Ier et Jean Grappin,

(1) Léon de Laborde, *op. cit.*, p. 210.

(2) M. de Laborde s'exprime ainsi à ce sujet (p. 209) : « A partir de ce moment (1547), l'architecte *Jehan Grappin*, chef de toute cette famille d'artistes, issue de Gisors et formée dans le monument même qu'elle élevait, disparaît dans les comptes en même temps sans doute qu'il quittait cette terre. » Il faut évidemment substituer le prénom de Robert à celui de Jean.

(3) C'est à tort, selon nous, que M. Palustre, dans la table de son ouvrage, leur donne la qualification d'architecte, que rien ne justifie.

(4) Jean Grappin, en 1558, ne reçoit que 10 sols et son père, en 1546, n'avait que 7 sols 6 deniers.

non content de suivre le mouvement produit autour de lui, se plaisait encore à l'accentuer. Aussi le voyons-nous, sans s'occuper de ce qui avait été fait auparavant, introduire partout des arrangements de son choix et créer cette voûte fuyante qui abrite d'une manière si étrange la représentation en ronde bosse du célèbre songe de Jacob. Nous ne parlons pas de l'arc bandé un peu plus tard entre les contreforts et au-dessus duquel règne une lourde galerie. Tant au point de vue de l'architecture qu'à celui de la sculpture, tout cela laisse beaucoup à désirer et franchement, on ne saurait dire que, dans cette occasion, Jean Grappin se soit montré digne de *son aïeul*. » [1]

Dès 1559, on avait eu la pensée de bâtir une tour au sud de la façade ; mais, probablement à cause du peu de sécurité que présentait le sol de ce côté, on avait ajourné l'exécution du projet, et ce fut seulement en 1571 ou 1572 que Jean Grappin y revint, après avoir édifié, en 1569, le jubé du chœur, pour lequel il reçut 570 livres [2]. La construction de cette tour fut très laborieuse et eut à subir de longues et fréquentes interruptions. En 1593, époque où les travaux furent complètement abandonnés, elle n'avait, comme aujourd'hui, que deux étages et à peine la naissance du troisième, « où, dit encore M. Palustre, se voit trop évidemment l'intention de présenter les ordres anciens dans leur plus grande pureté pour que la chose ne soit pas remarquée tout d'abord. Seulement, l'imitation, telle que la comprenait le XVIe siècle, n'empêchait pas de conserver à chaque œuvre son caractère personnel. L'artiste qui s'était le plus effacé dans la conception de l'ensemble se révélait immanquablement dans les détails. Cette partie de l'édifice fait le plus grand honneur à l'architecte, qui, tout en se montrant fidèle disciple de Vitruve, n'a pas cessé d'être original. » [3] L'étage inférieur surtout mériterait un long examen. Dans l'entablement, traité avec un soin minutieux et une perfection accomplie, Jean Grappin a voulu sans doute nous donner en quelque sorte un résumé de ses connaissances

---

(1) Lisez : de son père. *La Renaissance*, t. II, p. 205.

(2) Ce qui restait de ce jubé (l'arcade centrale n'existait plus depuis longtemps) a été démoli en 1877, lors de la restauration du chœur. On eut alors, paraît-il, la pensée d'en faire servir les différentes parties à la décoration des chapelles, mais malheureusement cela est resté à l'état de projet.

(3) *La Renaissance*, t. II, p. 206.

classiques. La frise, entre les triglyphes de laquelle alternent des bucranes et des patères, montre la précaution d'obvier à toute apparence de monotonie, de même qu'à la corniche mutules et denticules sont réunis pour couronner dignement un tout aussi parfait. Et ce qui frappe, à côté de cette quasi résurrection de l'antiquité, c'est une variété qui égale, si même elle ne la dépasse, celle de Jean Bullant. Tandis que des médaillons circulaires, contenant des bas-reliefs très finement exécutés, décorent les piédestaux du rez-de-chaussée, nous voyons, en opposition avec l'entablement dont nous venons de parler, les élégants feuillages qui forment la frise du second étage s'évider complètement, par un prodige d'habileté. Jean Grappin était évidemment un talent fort inégal et il serait téméraire d'affirmer que son imagination, quelque puissante qu'elle ait été, a toujours rencontré la pureté et la correction. Mais si peu nombreux que soient les modèles qui pourraient être proposés, ils suffisent, croyons-nous, à nous donner une haute idée de l'extraordinaire souplesse de son esprit. Dans la pensée de M. Palustre comme dans la nôtre, la prétention de le mettre au premier rang serait assurément inadmissible; mais on ne peut, sans injustice, lui contester la première place au second rang. Jean Grappin terminait ainsi dignement sa carrière. Toutefois, il faut l'avouer, nous n'aurions pas été fâché de connaître le couronnement qu'il entendait donner à une construction aussi colossale et commencée sur un plan aussi peu usité.

Vingt années cependant eussent dû suffire amplement à l'entier achèvement de cette tour; mais, on le sait, de nombreux contre-temps se produisirent, à la faveur desquels Jean Grappin eut tous les loisirs nécessaires pour élever et décorer la tribune des orgues, et le sculpteur beauvaisin Pierre du Fresnoy pour élaborer son gigantesque bas-relief de l'Arbre de Jessé. Jean Grappin ne vécut même pas assez longtemps pour contempler la tour dans son état actuel, car sa mort ne dut pas être beaucoup postérieure à 1580. Son frère, qui, nous l'avons dit, portait le même prénom, paraît encore dans les comptes jusqu'en 1598, avec le titre de maistre maçon, qui est du reste partagé par Pierre Bocquet et Adrien de Montheroult, ce à quoi sans doute n'aurait jamais consenti son aîné.

Ainsi donc, à la fin du XVIᵉ siècle, après cent ans de travaux continus, tout espoir était désormais perdu, malgré de nombreuses tentatives, de voir jamais achever l'église de Gisors. Ce qui se fit dans l'édifice pendant les deux siècles suivants ne concerne que des travaux d'aménagement intérieur ou des réparations nécessitées par les outrages du temps. Après avoir suivi toutes les phases de la construction, nous pouvons dire, avec M. Palustre, qui a très bien jugé l'édifice : « L'église de Gisors, quels que soient ses défauts trop réels, est un monument intéressant à plus d'un titre. Toutes les transformations qu'a subies l'architecture de la Renaissance s'y trouvent nettement représentées et nulle part peut-être on ne peut faire une étude plus instructive et plus complète. Et comme si cela ne suffisait pas, les nombreux artistes auxquels nous avons affaire ont chacun de leur côté tellement mis de personnalité dans leurs œuvres qu'ils constituent une véritable école dont l'influence, pour ne pas s'être étendue fort loin, n'en a pas moins été assez considérable. Les Grappin, de père en fils, se transmettent des traditions d'art qui ne se démentent pas un seul instant. Rien de ce qui se fait autour d'eux ne leur est étranger ; ils ont l'œil sur Paris et s'ils ne se contentent pas de pasticher comme tant d'autres, c'est qu'ils sentent en eux-mêmes quelque chose qui vibre et ne demande qu'à éclater. Assurément, leur place n'est pas au premier rang, mais il y aurait injustice à ne tenir aucun compte du rôle qu'ils ont joué dans le développement partiel de l'architecture. » [1]

Si les comptes que nous possédons à Gisors nous fournissent des indications précieuses pour la biographie sommaire des artistes employés dans l'église de cette ville, il ne faudrait pas croire que l'on pût ainsi obtenir des résultats suffisamment exacts. Outre les minutes des notaires, qu'il est impossible de négliger quand on s'occupe de recherches de ce genre, il est d'autres documents qui, pour laisser peut-être plus de prise à l'imagination, ne doivent pas être pour cela dédaignés : ce sont les monuments eux-mêmes. Par exemple, à propos de Jean Grappin l'aîné, on s'exposerait, comme M. de Laborde, à commettre de graves erreurs si l'on ne cherchait à expliquer les lacunes que laissent dans l'histoire de sa carrière artistique des absences de quatre, six et même dix années. C'est M. Palustre qui, à son insu, puisqu'il admet également l'existence de deux architectes de ce nom, a, le premier, fait la lumière sur ce

_____

(1) *La Renaissance*, t. II, p. 207.

point. Nous sommes convaincu que là seulement est la vérité et si quelques doutes avaient pu s'élever dans notre esprit, le contrôle auquel nous avons cru devoir soumettre les assertions de l'auteur de la *Renaissance* les aurait aussitôt dissipés. La chose est des plus intéressantes à suivre et nous paraît mériter que nous nous y arrêtions un instant.

L'œuvre de début de notre artiste paraît avoir été le charmant édicule qui abrite les fonts baptismaux de Magny. On sait que la date 1534 se lit dans un petit cartouche, sur le soubassement de l'une des colonnes. Rien n'empêche d'admettre, ce semble, qu'un jeune homme dont l'enfance et la jeunesse se sont écoulées au milieu d'un atelier de sculpteurs ait pu, à vingt-quatre ou vingt-cinq ans, se trouver chargé au moins de la partie ornementale de ce petit monument.

En 1537, nous voyons Jean Grappin parmi les ouvriers de Gisors, où, deux années après, il sculpte toutes les statuettes et les guirlandes de personnages qui garnissent les ébrasements du porche central de la façade. En 1542, il « faict et taille les petis ymaiges estans à là voulsure du portail. »[1] Il figure également sur les comptes de l'année 1547, en compagnie de son père Robert et de ses oncles Jacques et Michel Grappin. Ici se place la longue lacune de dix années qui a fait croire à M. de Laborde que Jean Grappin était mort. Nous allons voir qu'il était encore bien vivant et qu'il travaillait avec plus d'activité que jamais.

Revenons maintenant à Magny où, depuis le commencement du XVIe siècle, on s'occupait à reconstruire tout entière l'église Notre-Dame. Le style de la partie la plus ancienne [2], c'est-à-dire le chœur, prouve que les architectes de Gisors, Robert Grappin entre autres, prirent part à ces travaux dès leur début. Ceci explique comment, en 1534, on a pu confier un ouvrage aussi délicat que les fonts baptismaux à un jeune homme tel que le fils de Robert Grappin et il n'y a pas lieu davantage de s'étonner qu'après la mort de ce dernier il lui ait succédé dans la confiance de la fabrique. Effectivement, quand on compare les dais

---

(1) Léon de Laborde, *op. cit.*, p. 208. — Il s'agit ici de la grande ogive dont nous avons déjà parlé, située au sommet du portail et aujourd'hui cachée par une sorte d'arc de triomphe fort lourd.

(2) Nous ne parlons que de ce qui a été fait à l'époque qui nous occupe, les piliers de la croisée et le clocher remontant au XIIIe siècle.

remarquables qu'il sculpte au portail en 1548 [1] avec ceux dont les fonts
sont décorés dès 1534 et ceux qu'il exécute à Gisors en 1536 pour abriter
les grandes statues de Nicolas Coulle à la tour du nord, on ne tarde
pas à être convaincu de leur même et commune origine. Ces dais, ornés
de vases et d'élégants frontons, sont, du reste, avec les niches qu'il mul-
tiplie partout, un des traits saillants de son talent. Le portail de Magny
doit être cité parmi les meilleures productions de la Renaissance dans le
Vexin. Les quelques emprunts faits par l'architecte à l'antiquité ne font
qu'ajouter au charme de l'ensemble.

Malheureusement, l'argent, venant à manquer, entrava un si bel
élan et Jean Grappin put, en toute liberté, se rendre à Saint-Gervais,
village situé d'ailleurs tout près de Magny, où il était appelé pour terminer une jolie église également commencée par son père [2]. Puis il court
à Vétheuil et, en 1558, il rentre à Gisors, dans son pays natal, où il
dirige l'achèvement du grand portail. Entre temps, il revient à Magny,
où, après une inaction de plus de douze années, on se décide enfin à
terminer et encore d'une façon incomplète [3] l'œuvre depuis longtemps
commencée. C'est alors qu'il édifie ou achève les chapelles méridionales
de la nef [4]. Il apparaît là en quête d'innovations et en possession de ce
que nous appellerions volontiers sa seconde manière. On ne le recon-
naîtrait guère si l'on n'avait pu à Vétheuil suivre les modifications
sensibles de son talent. « Assurément, dit M. Palustre, dans un siècle
où un grand mouvement agite les esprits, l'architecture se transforme
avec une incroyable rapidité et rien n'est moins étonnant que de voir, à
vingt ans de distance, procéder différemment. Tout ce que l'on peut
dire, en réalité, c'est que l'architecte, loin de demeurer immobile dans
la science qu'il savait si bien pratiquer, a fait suivre à son talent une

(1) Cette date est gravée sur l'une des parois de la porte.

(2) Ce n'est pas seulement à Magny et à Saint-Gervais que se fait sentir l'influence
directe des grands travaux de Gisors. Nous en voyons de nombreuses traces dans toute
la contrée et, notamment, à Chaumont, à Sérifontaine, à Parnes, à Serans et en bien
d'autres endroits.

(3) Une tour devait vraisemblablement s'élever au sud-ouest et un portail s'ouvrir
dans le pignon de la nef, à l'occident.

(4) La date de 1561 se lit au plafond de la chapelle la plus occidentale.

marche régulière. » [1] Toutefois, à la vue de la vaste chapelle seigneuriale
qui constitue le transept sud, il est permis de se livrer à quelques
réflexions avant d'adopter aveuglément l'opinion de M. Palustre. Cette
partie de l'église est empreinte d'une réelle beauté. L'attention avec
laquelle ont été ordonnés les élégants détails de la corniche et les grands
frontons qui la surmontent, mérite d'être louée sans restriction, et nous
ne nous étonnons nullement qu'un critique célèbre [2] ait cru pouvoir
évoquer à ce propos le nom de Jean Bullant. Mais, comme M. Palustre
le fait remarquer avec beaucoup de justesse, on se trouve alors en présence de difficultés presque impossibles à résoudre et force est de confesser
qu'ici, comme à la maison de Henri II, Jean Grappin a beaucoup plus
de droits à faire valoir que son illustre rival. Des analogies frappantes
avec certaines parties de la façade de Gisors ne permettent pas le doute à
cet égard. Il n'est du reste l'auteur que des deux croisillons qui composent
le véritable transept, car la travée orientale du transept sud a été visiblement ajoutée après coup, bien que nul ne l'ait encore remarqué
jusqu'ici. L'architecte gisorsien ne vit pas l'achèvement des travaux de

(1) *La Renaissance*, t. II, p. 13-14.

(2) Louis Courajod, *Une œuvre inédite de Jean Bullant ou de son école*, dans le
journal l'*Art* (n° du 11 juillet 1880). Cet article est consacré à la description d'une
curieuse maison de la ville de Magny, située à l'angle des rues de Vernon et de l'Hôtel-
de-Ville et qui porte en différents endroits l'initiale de Henri II et, au pignon, la date
de 1555. Dans cette maison, M. Courajod reconnaît l'influence du maître d'Ecouen et il
fait ressortir surtout l'analogie que présente la longue frise décorée de bucranes et de
patères qui la décore avec quelques parties du château des Montmorency, notamment
avec les lucarnes de l'un des pavillons donnant sur la grande terrasse. Nous ne croyons
pas pouvoir, quant à nous, sur un aussi simple indice, faire intervenir ici Jean Bullant.
Si M. Courajod eût appris, au moment où il visita la maison de Magny, qu'une frise
toute pareille existe à l'église de Gisors et que deux autres, composées, il est vrai,
uniquement de patères, se voient à Vétheuil et à Ambleville, c'est-à-dire tout près de
Magny, il aurait hésité avant de proposer une attribution à nos yeux trop peu justifiée.
Nous pourrions ajouter qu'à Magny, une demi-patère occupe l'un des angles de la frise
en question ; or, nous n'avons jamais remarqué que Jean Bullant se soit permis nulle
part un expédient à coup sûr fort habile, mais qui n'en constitue pas moins une infraction
aux règles de Vitruve, tandis que Jean Grappin, au contraire, ne se fit aucun scrupule d'en
répéter l'emploi à Vétheuil et à Gisors. Quant au monogramme royal, que M. Courajod
invoque pour soutenir que la maison a été construite par ordre de Henri II, il ne saurait
être pour nous qu'une indication chronologique. Au château d'Ecouen, que M. Courajod
connaît particulièrement, il n'a jamais songé, nous en sommes sûr, à lui attribuer une
pareille signification.

Magny. Cette seconde travée et les voûtes furent construites un peu plus tard, sans doute par Nicolas Le Mercier, ainsi que nous le font croire la moins grande délicatesse de la sculpture et quelques autres détails caractéristiques [1]. Tout cela est confirmé par une date (1609) dissimulée dans le feuillage d'une clef de voûte et restée inédite jusqu'à ce jour. [2]

A Saint-Gervais, du moins, aucun doute ne saurait s'élever au sujet du nom de l'architecte qui a surmonté la nef de cette voûte si élégante, orné les murailles de ces niches remarquables et construit, à l'extérieur, ce ravissant portail aux deux étages de colonnes encadrant une large arcade richement ornée, qui précède et annonce dignement les beautés de l'intérieur. Les dates de 1549 et 1550 [3] prouvent que tout cela doit prendre place immédiatement après le porche de Magny. Le portail de Saint-Gervais, par la perfection de ses détails, a exercé une légitime séduction sur l'esprit de M. Palustre : « Quant aux grecques surmontées d'un rang d'oves sur chaque face de l'architrave, aux admirables rinceaux de la frise, aux denticules de la corniche, contentons-nous, dit-il, d'en recommander l'examen à quiconque, négligeant les chemins battus, visitera un édifice bien digne à tous égards de figurer au premier rang. » [4] Seulement, Jean Grappin n'est pas toujours aussi bien inspiré

---

(1) On pourrait être porté à attribuer à Nicolas Le Mercier la totalité de la chapelle de la Vierge, à cause d'une vague similitude avec les porches de Marines et d'Évêquemont, mais on devrait y joindre alors les chapelles méridionales de la nef, qui sont incontestablement de la même main que la première travée. Il n'y faut donc pas songer, puisque ces dernières, pour être terminées en 1561, avaient dû nécessairement être commencées au moins quatre ou cinq ans auparavant, c'est-à-dire lorsque le maître n'était encore qu'un écolier.

(2) Tous les historiens de Magny et tous ceux qui se sont occupés particulièrement de l'église (A. Potiquet, *Notice sur l'église de Magny-en-Vexin*, 1878. — A. Durand et E. Grave, *Notice sur l'église Notre-Dame de Magny*, dans le *Bulletin de la Commission des Antiquités et des Arts de Seine-et-Oise*, 3e fasc., 1883, p. 65-76) s'accordent, nous ne savons pourquoi, à reporter la construction de la chapelle seigneuriale au milieu du xviie siècle. Outre qu'à cette époque on ne faisait rien de semblable, la date 1609, qui marque l'achèvement du transept nord, est une preuve péremptoire du peu de fondement de cette assertion.

(3) La première se lit sur le socle d'une niche et la seconde sur le dais couronnant la statue de la Vierge placée sur le trumeau.

(4) *La Renaissance*, t. II, p. 15.

et chacun se joindra certainement à nous pour regretter que le couronnement n'ait pas été mieux choisi.

Jusqu'ici, grâce à la clairvoyance et à la sagacité de M. Palustre,
quatre des années les mieux remplies de la vie de Jean Grappin nous
sont parfaitement connues. Mais au sujet de l'église de Vétheuil, nous
ne possédons ni dates ni textes, mais uniquement des monogrammes et
des armoiries [1], et ce sont seulement des suppositions que l'auteur de
la *Renaissance* a émises et que nous produirons à notre tour. Elles sont
toutefois assez fondées pour que, à défaut même de documents écrits, on
puisse s'y arrêter avec la plus entière confiance. Nous féliciterons en
premier lieu l'éminent critique d'avoir résolu si à propos un problème
qui, semble-t-il, a fort embarrassé les historiens successifs de l'église,
car ils se sont bien gardés de le soulever. Il est maintenant évident que,
dans la mention obligée du concours apporté par François Ier et par
Henri II à la construction de l'édifice, il faut substituer aux noms de
ces souverains ceux de Louis de Silly, seigneur de la Roche-Guyon et
de Vétheuil, et d'Anne de Laval, sa femme. « Quant au nom de l'architecte, dit M. Palustre, il s'impose à nous dès le premier instant. En
1551, Jean Grappin, qui venait de terminer le portail de Saint-Gervais,
était libre de son temps et nul doute qu'il ne jouît alors d'une grande
réputation dans toute la contrée. Aussi la pensée se reporterait-elle vers
lui immédiatement, quand bien même sa manière ne serait encore rap-
pelée par une foule de détails. C'est là évidemment qu'il a inauguré un
genre dont il fera plus tard l'application à Magny, dans sa seconde
campagne de travaux, et qui consiste à substituer aux voûtes d'autrefois
de riches plafonds à compartiments variés et complètement couverts de
sculptures. Tout ce qui précède est le partage du portail méridional,
dont le plan, très habilement conçu, a été exécuté d'un seul jet. » [2]
Mais c'est à tort, selon nous, que M. Palustre émet l'hypothèse d'une
longue interruption dans les travaux de l'église. Nous ne voyons pas

(1) Nous y avons relevé, tant à l'intérieur qu'à l'extérieur, les écussons suivants :
De Silly *(d'hermines à la fasce ondée de gueules surmontée de trois tourteaux de même)*,
de Roncheville *(bandé d'or et d'azur)* et les armoiries de Philippe de Sarrebrucke, femme
de Charles de Silly *(d'azur, semé de croix recroisetées au pied fiché d'or, au lion d'argent
couronné d'or brochant sur le tout)*.

(2) *La Renaissance*, t. II, p. 17-18.

comment la date de 1533, qui se lit sur une fenêtre plus gothique que renaissance, peut entraîner d'aussi grosses conséquences et pourquoi, sur cette simple indication, il avance que les trois nefs étaient alors terminées et la façade occidentale parvenue à la hauteur du premier étage. Bien plus, l'entrée si élégante qui forme la base de cette façade, loin de remonter à 1533 ou environ, est elle-même postérieure au porche méridional, qu'il n'est pas permis de reculer au-delà de 1551. Et si l'on admet, avec M. Palustre, qui a ici pleinement raison, que ce dernier est l'œuvre de Jean Grappin, il est impossible de ne pas également lui faire honneur de la première. Nous y retrouvons les traces indiscutables de la même main et d'une main qui n'a jamais été plus heureuse. Car nous sommes bien en présence du chef-d'œuvre du plus célèbre des Grappin, et n'étaient ces H couronnées et ces croissants semés à profusion sur le plafond du porche latéral, nous nous croirions encore aux premières années du règne de François Ier, tant il y a de grâce délicate dans l'ornementation et de beauté parfaite dans l'œuvre tout entière. Rien, dans le Vexin, à part les chapiteaux de Saint-Maclou de Pontoise, ne saurait être comparé à cette petite merveille de la Renaissance, et la vue du porche de Vétheuil remet involontairement à la mémoire l'abside si vantée de Saint-Pierre de Caen.

Cependant, nous reconnaîtrons, à l'exemple de M. Palustre, un point où les travaux paraissent avoir été suspendus, mais pour bien peu de temps assurément. C'est au-dessus du porche de la façade. L'entablement dorique qui figure à cet endroit fut ajouté après coup, ainsi que le prouve la manière dont se fait le raccordement avec la corniche des bas-côtés. Cet entablement, qui n'est guère ici à sa place, est bien de Jean Grappin. C'est lui également qui acheva le frontispice de l'église. Mais, il faut bien l'avouer, il ne s'est pas montré à la hauteur, non de ses devanciers, mais de sa propre réputation et de ce qu'il avait fait lui-même quelques années auparavant.

On admettra facilement que les travaux de Vétheuil aient pu conduire notre architecte à l'année 1558, époque où il rentre à Gisors dans les fonctions de son père. Nous savons ce qu'il y fait. Mais, de temps à autre, des loisirs lui sont laissés et il en profite pour répondre aux demandes dont sans doute il est accablé. Ainsi, vers 1565, nous le suivons à Montjavoult, où il est occupé à construire et à orner le portail méridional de l'église, dont l'analogie avec le porche central et la grosse tour de Gisors est trop frappante pour que M. Palustre ne l'ait pas tout d'abord remarquée. Nous regretterons seulement avec lui que l'architecte n'ait pas cru devoir surélever ses piédestaux afin d'obvier aux difficultés provenant de la trop grande hauteur de l'arcade d'une façon plus rationnelle et moins choquante qu'en allongeant démesurément ses colonnes. [1]

Jusqu'ici nous n'avons parlé que des édifices attribués à Jean Grappin par M. Palustre, mais là ne se bornèrent pas ses productions et nous n'hésitons pas, pour notre part, à y ajouter le château d'*Ambleville*, le portail de *Genainville* et les tours de *Nucourt* et de *Chaumont*. Le premier est assis dans la charmante vallée de l'Aubette, à deux lieues à l'ouest de Magny. C'est une construction un peu lourde, mais néanmoins d'un aspect fort pittoresque et qui charme à première vue le visiteur. La partie la plus remarquable est un gros pavillon carré flanqué de tourelles en encorbellement et dont le rez-de-chaussée montre un entablement dans les métopes duquel ne prennent place que des rosaces, c'est-à-dire absolument ce que nous avons vu à Vétheuil. Des pilastres cannelés encadrent les fenêtres. La frise supérieure est formée de rinceaux très riches, mais cependant traités avec moins de soin qu'à Saint-Gervais et à Montjavoult. Quant à la date du monument, elle doit, à notre avis, être fixée aux premières années du règne de Charles IX.

Caché dans un vallon, au sud-ouest de Magny, le petit village de Genainville posséda jusqu'à la Révolution un prieuré de l'ordre de Saint-Bruno. L'église de ce monastère, commune avec la paroisse, est divisée en deux nefs égales dont la partie antérieure a été réédifiée au milieu du XVIe siècle [2], dans un style mi-gothique mi-renaissance. Tout fait supposer que les Chartreux contribuèrent pour la plus grande partie à la dépense. Mais ce qu'il faut rejeter absolument, c'est la légende d'après laquelle le plan de l'édifice aurait été fourni par l'un d'eux [3]. Le

(1) Un problème absolument semblable se trouvait posé, à une époque contemporaine, à la façade septentrionale de l'église du Grand-Andely, mais l'architecte a respecté les proportions classiques de ses colonnes et il s'est contenté de placer entre les chapiteaux et l'entablement une sorte de coussinet.

(2) Une des clefs de voûte porte, répétée trois fois, la date de 1543. — Le chœur est une jolie construction de la fin du XIIIe siècle.

(3) Feuilloley, *Notice sur le canton de Magny-en-Vexin*, 2e édit. (1884), p. 184.

portail surtout présente assez de caractères particuliers pour que l'on y puisse reconnaître une œuvre de Jean Grappin. Lui seul a pu ordonner cette double façade et ces entrées jumelles flanquées de colonnes ioniques et composites et disposer ces *postes*, malheureusement grattés, qui décoraient la frise de la porte principale, aussi bien que ces cercles entrelacés qui figurent à pareil endroit de l'étage supérieur. Tout cela assurément est beaucoup moins luxueux qu'à Vétheuil, mais il ne faut pas oublier qu'ici nous avons affaire à une paroisse de tout temps très pauvre et à un ordre religieux qui n'a jamais été renommé pour ses grandes richesses. La date elle-même correspond au moment où l'architecte gisorsien travaillait dans la contrée : nous devons rappeler que, sur la clef de voûte la plus rapprochée du portail, vers le sud, était autrefois inscrit le millésime 1551. [1]

La triple nef de l'église de Nucourt appartient aussi au milieu du xvie siècle, mais la date de 1451, qui se lit à l'intérieur, sur l'un des chapiteaux, doit être apocryphe, même en admettant interversion pour les deux chiffres du milieu. Du reste, ce produit d'une période brillante partout ailleurs est ici empreint d'une véritable décadence. Il n'y a pas mieux à dire de l'énorme tour quadrangulaire que l'on jugea à propos d'appliquer peu de temps après contre le pignon occidental, pour remplacer le vieux clocher du xiiie siècle placé au milieu de l'édifice [2]. Bien que la fabrique se soit adressée à un maître d'une habileté incontestée, il nous paraît que Jean Grappin n'a pas donné dans la circonstance tout ce que l'on était en droit d'attendre de lui. Les moulures sèches et sans vigueur qui divisent les différents étages, le petit avant-corps au fond duquel est pratiquée la baie d'entrée, dont les ébrasements sont ornés de niches à pilastres, le guillochis de l'arcade cintrée, la frise formée de postes d'une composition médiocre, tout cela n'offre rien qui sorte de l'ordinaire. Si nous ne nous trompons, nous sommes en face d'une œuvre hâtive, conçue et exécutée avec rapidité et, en outre, visiblement sous la préoccupation d'une économie imposée. Pourtant, il n'y a pas à s'y méprendre, les caractères propres à la seconde moitié de la carrière

---

(1) Les deux derniers chiffres subsistent seuls aujourd'hui, à demi effacés.

(2) Ce clocher existe encore, celui qui devait lui succéder n'ayant jamais été achevé.

de Grappin y sont très marqués et on ne peut douter qu'il en ait au moins donné le dessin.

Le type de la tour de Nucourt se retrouve à celle de Chaumont [1]. Bien que cette dernière affecte une noble simplicité, la partie supérieure tout au moins est assez caractérisée pour que nous ne craignions pas de l'attribuer également à Jean Grappin. Les contreforts prennent à cette hauteur la forme de pilastres ioniques et supportent un entablement d'un bon profil dont la frise est ornée de palmes alternativement droites et renversées, motif que l'on peut voir employé aux chapelles méridionales de Magny. Des écussons sont mêlés à cette frise ou placés contre la balustrade du sommet. L'un d'eux est blasonné de trois pals [2]; un autre contenait autrefois les armes de France. Au surplus, dans toute l'église de Chaumont, on sent l'influence des artistes gisorsiens. Robert Grappin a certainement présidé à sa reconstruction. Ici comme à la nef de Gisors, il a employé un style ogival dégénéré et ce dernier effort d'un art qui s'éteint ne saurait nous retenir longtemps. A peine ferons-nous une exception en faveur du portail septentrional, qui, par suite de l'inachèvement de la partie occidentale de la nef [3], se trouve être aujourd'hui l'unique entrée de l'église. Il est visiblement inspiré de celui de Gisors, auquel il est, du reste, postérieur : nous ne croyons pas que le portail de Chaumont ait été commencé avant 1520 ni terminé avant 1530. Le gros œuvre de l'église elle-même était presque achevé une vingtaine d'années plus tard, car l'un des vitraux porte la date de 1547 et nous savons, d'autre part, que, le 16 février 1554, Etienne Paris, évêque d'Avelonne *(Abellonensis)*, suffragant et vicaire général de l'archevêque

---

(1) La tour de l'église de Montjavoult rentre aussi dans la même catégorie, mais elle ne présente rien de remarquable.

(2) Ces armoiries se voient encore sur la frise qui surmonte la chapelle Saint-Louis, au nord du chœur. Frion déclare avoir vainement cherché à quelle famille elles s'appliquent (*Description, histoire et statistique de la ville de Chaumont-en-Vexin*, p. 46). Ce qui est certain, c'est que cette famille contribua non seulement à la construction du monument, mais encore à sa décoration, car nous avons retrouvé son écusson, colorié cette fois *(d'azur à trois pals d'or)*, sur un vitrail du transept sud.

(3) Elle devait avoir une travée de plus et la tour du sud, seule existante aujourd'hui, était destinée à avoir son pendant au nord. Le grand portail se serait ouvert entre les deux tours.

de Rouen, y consacra six autels et fit la bénédiction des sous-ailes [1]. La tour seule est un peu moins ancienne et nous serions disposé à en reporter la date aux dernières années du règne de Henri II.

On le voit, la Renaissance eut dans le Vexin des représentants dignes d'elle. Les Grappin jouèrent à l'ouest le rôle brillant que remplissaient les Le Mercier à l'est et il serait difficile de dire si les uns sont supérieurs aux autres. Leurs qualités sont dissemblables, mais Jean Grappin paraît les réunir toutes à des degrés divers. Ce que l'on savait sur lui jusqu'à présent était quelque peu entaché d'erreur. D'ailleurs, nous ne saurions faire à M. Palustre un reproche d'avoir à ce sujet suivi trop fidèlement un guide tel que M. de Laborde et si nous nous sommes appesanti sur ce point, c'est qu'il importait de rectifier dès maintenant une erreur qui aurait pu se perpétuer indéfiniment, comme tant d'autres.

(1) Ch. de Beaurepaire, *Inventaire des Archives de la Seine-Inférieure*; arch. ecclés., série G, t. Ier, introd. p. 39.

8

IV

Grâce à la réunion sur un espace de terrain relativement restreint de tous les édifices dont nous venons de parler et surtout aux nombreux liens qui les unissent les uns aux autres, nous n'avons pas hésité un seul instant sur les noms de leurs auteurs respectifs. Mais ces circonstances favorables à nos recherches ne se rencontrent pas partout et, pour certains autres monuments, il nous a été impossible de les rattacher à aucune des écoles régionales : en ce qui les concerne, nous ne pouvons que traduire notre sentiment par des phrases, sans savoir à qui adresser ou notre admiration ou nos critiques. Ainsi, le vaste chœur de l'église de *Triel*, qui date du commencement du règne de Henri II [1], est construit avec tant de simplicité et un parti-pris si évident de rupture avec la richesse déployée par tous les architectes contemporains, que nous faisons vainement appel à nos souvenirs pour trouver à cette époque quelque chose d'aussi avancé. Nous avons un instant songé à Nicolas Le Mercier, à cause surtout de la ressemblance qui existe entre le chœur de Triel et ceux d'Épiais et d'Ennery, mais en 1554 l'architecte pontoisien n'avait pas encore quinze ans et une seule chose demeure certaine, c'est qu'il s'en est inspiré pour ces deux édifices. L'extérieur n'a d'autre ornementation que l'entablement à triglyphes qui couronne les bas-côtés. Quant à l'intérieur, où la tendance que nous signalons pouvait moins se donner libre carrière, il ne laisse pas de trancher

(1) Les vitraux sont de 1554 et 1557 et, en outre, un groupe de croissants se voit à la voûte du sanctuaire.

vivement sur tout ce qui se faisait ailleurs. L'arc triomphal repose sur deux grosses colonnes composites engagées. Les arcades latérales, de forme cintrée, sont portées par de massifs piliers ronds, dont les chapiteaux ioniques sont surmontés d'un entablement cubique évidemment emprunté à Jean Bullant. Bien que le caractère général de toute la bâtisse indique que le nom de l'architecte doit être cherché parmi les plus célèbres, il serait sans doute trop hardi d'évoquer celui du maître d'Écouen à une distance aussi grande du champ habituel de ses travaux. Une simple particularité du genre de celle dont nous parlons ne suffit pas dans ce cas à établir une semblable hypothèse et nous pouvons seulement affirmer que le chœur de Triel est dû à l'un de ses disciples ou à l'un de ses admirateurs. L'église tout entière devait être reconstruite dans les mêmes proportions, mais ce projet ne reçut pas son exécution. [1]

Pas plus que celui de Triel, l'architecte qui a construit le transept septentrional de l'église Notre-Dame des Andelys ne nous a légué son nom. La ville n'était pas, au XVIe siècle, un centre artistique comme Gisors ou Pontoise, et il est très probable que nous n'avons pas affaire à un artiste local, sans quoi nous ne manquerions pas de retrouver quelque part aux environs sa manière très reconnaissable. A la fin du XVe siècle, on conçut le dessein de couper par un transept et d'entourer de chapelles l'église qui jusqu'alors s'était composée uniquement de trois nefs [2]. Le croisillon sud fut édifié le premier, mais encore dans le style flamboyant, dont il offre d'ailleurs un excellent échantillon. Celui du nord est un peu moins ancien. Quant aux chapelles, leur construction suivit celle du bras correspondant du transept, dont elles ont emprunté le style. Il faudrait notamment de longues pages pour faire ressortir d'une manière convenable tout ce que présente de remarquable la belle façade qui termine le transept au nord. Sa composition dénote une parfaite connaissance du style greco-romain ; l'architecte néanmoins y a

(1) La solidité du monument laissait sans doute déjà beaucoup à désirer. Il ne reste aujourd'hui de l'ancienne église que la charmante nef du XIIIe siècle, dont l'aspect est si gracieusement original. Malheureusement, la voûte pousse au vide d'une manière effrayante, et c'est grâce uniquement à de puissants étrésillons que les murs ne bouclent pas d'une façon irrémédiable.

(2) *Guide historique et descriptif de l'étranger aux Andelys*, par M. l'abbé Porée, p. 19.

tellement mis du sien que certains motifs d'ornementation annoncent beaucoup plus le xviie siècle que le xvie. Malgré cela, rien n'a été changé dans l'ordonnance générale, si bien que le portail fait l'effet, si nous pouvons nous exprimer ainsi, d'un cadre gothique sur lequel seraient venus s'appliquer des éléments décoratifs empruntés exclusivement à l'antiquité. Les masses affectent une ampleur peu commune et, si les détails ne sont pas exempts de quelque lourdeur, si l'ensemble a plus de noblesse que de charme, l'esprit d'invention qui se traduit partout par des dispositions aussi originales que variées atteste un talent d'une rare puissance, servi par une imagination éminemment créatrice. Le rez-de-chaussée n'a peut-être son équivalent nulle part et les élégantes cariatides qui se dressent de chaque côté des portes méritent, malgré leur état de dégradation, d'exciter notre plus vive admiration. Par malheur, nous le répétons, aucun indice ne nous apprend à quel homme de génie il faut faire honneur de cette belle construction. Les écrivains qui s'en sont occupés se sont montrés à ce sujet très sobres de réflexions. Il faudrait, pour entrer dans cette voie, des documents qui ont résisté jusqu'à ce jour aux recherches les plus obstinées. Toutefois, il est permis d'insister sur ce point, l'unité de l'œuvre est aussi apparente que possible et nous avons en vain cherché à établir une distinction quelconque entre les deux étages qui la composent. L'exécution des petites pyramides qui ornent les angles à mi-hauteur et rappellent, nous l'avouons, d'une façon frappante le style dit des Jésuites ne saurait être fort éloignée de celle des grands cartouches qui se voient sur chaque face des piédestaux de l'ordre inférieur. On n'était pas d'accord non plus sur la date de la construction. M. Palustre l'attribue tout entière aux dernières années du règne de Charles IX. Il ne sera pas sans intérêt de signaler ici une particularité qui, croyons-nous, mettra fin à la discussion. Personne, que nous sachions, n'avait encore remarqué que, sur la muraille en retour d'équerre, à droite et à gauche du rez-de-chaussée, un croissant se trouve placé au milieu d'un riche encadrement. La présence de l'emblème de Henri II à cette place confirme l'opinion de M. Darcel [1] et de M. l'abbé Porée [2] au sujet de la date du portail. Les travaux, commencés

---

(1) L'Art architectural en France depuis François Ier jusqu'à Louis XVI, t. Ier.

(2) Guide des Andelys, p. 20.

vers 1555, durent se terminer une quinzaine d'années plus tard. M. Palustre s'est donc montré quelque peu timide ; il est vrai que l'époque de l'achèvement correspond sans doute à peu près au moyen terme par lui proposé.

Du reste, pour bien se rendre compte de la manière dont le style de la Renaissance était alors traité par les plus grands architectes, auxquels nous n'hésitons pas à égaler celui des Andelys, il suffit de jeter les yeux sur les cinq grandes planches que Jacques Androuet du Cerceau consacre dans *le Second volume des plus excellens bastimens de France* au château de Charleval. Rien peut-être d'aussi tranché n'avait été fait jusqu'à cette époque et les immenses et somptueuses constructions qu'un caprice royal voulut faire sortir de terre, dans un site charmant, au milieu des fraîches prairies baignées par l'Andelle, eussent offert, si elles avaient été achevées, un merveilleux exemple de sévérité grandiose et de sereine majesté. Le plan rappelle un peu celui du Louvre, tel que nous le voyons aujourd'hui. Les logements royaux auraient entouré une cour carrée, en avant de laquelle se seraient développées, à droite et à gauche d'une vaste cour d'honneur, des dépendances d'une importance très considérable. Les eaux de l'Andelle eussent rempli les vastes fossés creusés autour du château et du jardin placé à la suite. Le rendez-vous de chasse dont on a parlé n'aurait pas été, on le voit, autre chose qu'un véritable palais. C'est sans doute en 1573 [1] que furent jetés les premiers fondements, mais Charles IX étant mort l'année suivante, les travaux languirent et ne tardèrent pas à être définitivement abandonnés [2]. Un document publié par Jal [3] semble annoncer que l'architecte était alors Baptiste

(1) Le 11 avril 1573, Charles IX et Philippe de Boulainvilliers, seigneur de Noyon-sur-Andelle, échangèrent la seigneurie du Vaudreuil contre celle de Noyon, qui prit dès lors le nom de Charleval. Cf. *Histoire de la châtellenie et haute-justice du Vaudreuil*, par Paul Goujon, ap. *Recueil de la Société libre de l'Eure*, 3e sér., t. VII (1860-61), p. 483.

(2) Dès 1577, Henri III vendit la terre de Charleval à Claude Faucon de Ris. (*Mémoires et notes d'Auguste Le Prevost pour servir à l'histoire du département de l'Eure*, publiés par Léopold Delisle et Louis Passy, t. Ier, p. 501.)

(3) Il s'agit d'une liste de pensionnaires du roi pour l'année 1577, dans laquelle on lit : « Baptiste Androuet, dict Cerceau, architecte à Charleval, la même pension qu'il y soulloit avoir, 400 livres. » (Jal, *Dictionnaire critique de biographie et d'histoire*, p. 341.)

Androuet du Cerceau, l'aîné des fils du célèbre graveur [1]. Ceci expliquerait pourquoi ce dernier fait figurer dans son ouvrage, avec une complaisance visible et en homme bien informé, les diverses ordonnances « délibérées faire » pour les différentes parties du château. Ces dessins sont d'autant plus précieux que des mouvements de terrain indiquent à peine aujourd'hui l'emplacement choisi. Grâce à eux, nous savons que l'architecte avait poussé plus loin qu'aucun de ses devanciers l'emploi systématique de l'ordre colossal : partout les murailles sont coupées verticalement par de nombreux pilastres, tandis qu'au contraire les lignes horizontales sont évitées avec le plus grand soin, quand des niches ou des frontons variés ne viennent pas détruire jusqu'à toute idée de super-position d'étages. La seule façade commencée à l'intérieur [2] porte les traces les plus visibles de cette constante recherche, en même temps qu'elle proclame bien haut l'habileté de Baptiste Androuet du Cerceau. Les bossages entrent dans le projet pour une part non moins considé-rable, surtout en ce qui regarde les longues façades surélevées par un glacis qui devaient régner le long des fossés, « à la basse court par le dehors. » L'architecte était évidemment préoccupé avant tout de produire du nouveau et de diriger le goût public de son temps. Assurément, le château de Charleval était destiné à être l'un des plus remarquables de la France entière. Si certaines innovations s'effectuent quelque peu aux dépens du bon goût et de la logique, la richesse tempérée des détails engendre le meilleur effet et l'abondance des bossages contribue à donner à l'ensemble une vigueur pleine de caractère. En outre, des statues nécessairement précieuses, placées dans de nombreuses niches, montrent que rien n'eût été négligé pour en faire une magnifique résidence d'été, digne du chef d'un grand royaume.

Une fois lancée sur cette pente, l'architecture en France ne devait pas tarder à tomber dans la lourdeur et dans l'incorrection. L'église de *Jouy-sous-Thelle*, au nord du Vexin français, est à ce point de vue inté-

---

(1) Il y aurait lieu alors d'avancer de quelques années la date de sa naissance, fixée à 1555 par Berty (*Les grands architectes français de la Renaissance*, p. 115).

(2) Elle fut même achevée, soit avant la cession de Charleval aux Faucon de Ris, soit par ces derniers, car Jacques Gomboust l'a figurée en 1655 dans l'encadrement de son grand plan de *Rothomagus-Rouen*.

ressante à examiner, bien que, nous nous empressons de le déclarer, il n'y ait pas un seul instant matière à admiration. Elle a la forme d'une croix, sans bas-côtés ; les deux bras du transept se terminent, comme le chœur, par un hémicycle. Quant à l'ordonnance, nous aurons suffisamment renseigné le lecteur lorsque nous aurons dit que les murailles sont décorées à l'extérieur comme à l'intérieur de massifs pilastres cannelés et que le pesant entablement qui les surmonte est coupé à tout instant par le sommet des étroites fenêtres ménagées au nombre de deux dans chaque travée. Aussi est-il absolument impossible de rattacher à quoi que ce soit dans la région toutes ces dispositions malheureuses. Rien n'empêche, à tout prendre, d'admettre sans réserve la tradition suivant laquelle le cardinal de Pellevé [1] aurait fait appel pour la circonstance à un étranger ou même aurait élevé à Jouy la copie d'une église de Rome. Sauf les voûtes, qui ne furent construites que plus tard, plusieurs années après la mort du cardinal [2], l'édifice était en 1584 dans l'état où nous le voyons aujourd'hui [3], ce qui permet de reporter le début des travaux à la fin du règne de Charles IX. Il fut dédié le 14 septembre 1588 par Jean Lesley ou Lesselié, évêque de Ross en Écosse [4].

(1) Nicolas de Pellevé, seigneur de Jouy, né le 18 octobre 1518, mort le 26 mars 1594, tour à tour évêque d'Amiens, archevêque de Sens, puis de Reims, fait cardinal en 1570, séjourna longtemps à Rome.

(2) En 1606 et 1607, ainsi que l'apprend une inscription relevée par nous sur une nervure de la nef.

(3) La nef n'a jamais été terminée. La date dont nous parlons se lit sur l'un des vitraux du chœur.

(4) Archives de l'église. — Cette date ne concorde pas avec celle de 1573, donnée par M. Ch. de Beaurepaire dans l'*Inventaire des Archives de la Seine-Inférieure*, arch. ecclés., sér. G, t. II, p. 132, col. 1. Cette dernière paraît être erronée et, dans tous les cas, elle ne peut s'appliquer à l'église actuelle.

V

Le cadre que nous nous sommes tracé ne nous permet pas de parler de plusieurs monuments de premier ordre, quoique la distance qui les sépare de ceux précédemment étudiés ne soit pas très considérable. La tentation serait trop forte de les examiner avec toute l'attention qu'ils méritent, car comment passer légèrement, par exemple, sur les magnifiques châteaux élevés par le cardinal d'Amboise à Gaillon et par le chancelier Du Prat à Nantouillet, entre lesquels tant de rapprochements pourraient être faits à cause de la délicatesse et du fini qu'y revêtent les moindres sculptures ? Comment ne pas admirer tout à l'aise et ne pas faire ressortir détail par détail la rare perfection de la façade de l'église d'Othis ? Et les nombreux chefs-d'œuvre conservés dans la basilique de Saint-Denis, reproduits par une suite d'admirables gravures dans l'ouvrage de M. Palustre, et le grand château de Saint-Germain-en-Laye, restitué à Pierre Chambiges en vertu d'un document trop longtemps dédaigné, tout cela ne peut vraiment pas être traité en deux ou trois phrases et, en quelque sorte, au courant de la plume. Pour ne pas donner des proportions démesurées à un travail qui ne peut avoir la prétention d'être définitif sur toutes les questions qu'il ne fait qu'effleurer, nous ne parlerons pas davantage de la tour de Saint-Maclou de Mantes, ni de la jolie fontaine qui décore l'une des places de la même ville, non plus que de l'église de Montfort-l'Amaury, ni de celle de Villeneuve-Saint-Georges.

Nous ne saurions cependant passer tout à fait sous silence le sépulcre

.de Saint-Maclou de Pontoise, ni les œuvres similaires de la même époque qui se voient à l'ermitage Saint-Sauveur, près de *Limay*, et dans l'église du *Grand-Andely* [1]. Toutes les questions relatives au premier ne manqueront pas d'être prochainement élucidées [2] et nous nous contenterons de faire remarquer que la bizarre position donnée par le sculpteur au corps du Christ mort se retrouve au sépulcre des Andelys. On ne nous pardonnerait pas, en outre, d'oublier ici l'une des plus charmantes œuvres qu'ait laissées la Renaissance dans nos contrées. Nous voulons parler de la belle cheminée qui décore le premier étage du manoir d'Omerville, près de Magny. Manoir et cheminée datent de la même époque et doivent être contemporains de l'avènement de François Ier. L'écusson qui figure sur la cheminée et qui était autrefois répété extérieurement, au pignon nord du corps de logis, paraît prouver que la construction est due à Jean Feuqueur, seigneur d'Isques et d'Omerville, et à sa femme, dont nous ignorons malheureusement le nom [3]. Il n'est guère possible de faire descendre la date après 1515, car en 1517 la seigneurie d'Omerville était déjà passée entre les mains de Guillaume Pillavoine. [4]

Outre les édifices passés en revue dans les pages qui précèdent, le Vexin et le nord du Parisis, formant aujourd'hui la partie orientale de l'arrondissement de Pontoise, en renferment quelques autres datant également du xvie siècle, mais leur importance n'est pas considérable et nul besoin ne se fait sentir de les étudier de près aujourd'hui. Dans quelques-uns d'entre eux, la Renaissance est mêlée à l'art gothique ;

---

(1) Le sépulcre des Andelys est placé au rez-de-chaussée de la tour méridionale. « Les statues, plus grandes que nature, sont l'œuvre d'un ciseau magistral. Elles proviennent de l'ancienne Chartreuse de Gaillon, qui les devait sans doute à la munificence des cardinaux de Bourbon, ses fondateurs, dans les dernières années du xvie siècle. » (L'abbé Porée, *Guide des Andelys*, p. 41.) Quant à celui de Pontoise, il en est question dans les *Antiquitez et singularitez de Pontoise* de Taillepied, publiées en 1587 (p. 83 de la réimpr. de MM. Le Charpentier et François) ; M. Palustre l'attribue au règne de Charles IX.

(2) Dans la monographie de l'église Saint-Maclou que prépare notre savant collègue M. E. Lefèvre-Pontalis.

(3) L'écusson est écartelé aux 1 et 4 de Feuqueur *(d'or à la croix ancrée de gueules)* et aux 2 et 3 de... *(de... au chevron de...)*.

(4) *Les seigneurs et le marquisat de Blaru*, par Bertrandy-Lacabane, p. 50.

9

parfois ce dernier prédomine même entièrement jusque vers 1550. Telles sont les églises de *Bennecourt, Tourny, La Roche-Guyon, Parnes, Serans, Sérifontaine, Cléry, Vauréal, Mézy, Écouen, Ézanville*, etc. Quelques-unes d'entre elles sont d'excellents spécimens du style de la dernière période ogivale appliqué aux églises rurales. Mais la plus remarquable sous ce rapport est l'église Saint-Martin de Montmorency, construite à deux reprises différentes, sans que rien ne le laisse deviner extérieurement. A l'intérieur, il faut même examiner les clefs de voûte avec une certaine attention pour s'apercevoir d'une interruption dans les travaux. Commencé, semble-t-il, vers 1515, par le baron Guillaume de Montmorency, l'édifice ne fut terminé qu'en 1563, par le connétable son fils, ainsi que nous l'apprend une date inscrite à la voûte de la nef. Le second architecte suivit fidèlement les plans laissés par le premier. C'est ainsi que tous les piliers, sans exception, portent répétée deux fois sur leur chapiteau la devise *APLANOS*, qui se retrouve, mêlée aux armes de la famille, sur les voûtes, encore ogivales, avec liernes et tiercerons. Nous pourrions signaler encore, pour la richesse de son ornementation extérieure et intérieure, l'église de *Louvres*, due sans doute aux artistes qui construisirent non loin de là le bas-côté septentrional du Mesnil-Aubry.

Quelques autres églises montrent le style de la Renaissance employé seul ou concurremment avec le style ogival, auquel il n'emprunte ordinairement dans ce cas que ses formes consacrées. Celles de *Groslay* [1], près Montmorency, et de *Fosses* [2], près Luzarches, par exemple, qui datent l'une et l'autre du règne de Charles IX, ne rappellent ce qui existe à Montmorency que par une certaine exubérance de décoration intérieure. La chapelle assez vaste qui remplaça à la même époque l'une des absides latérales de l'église d'*Auvers-sur-Oise* et celle plus bizarre qu'originale que Guillaume de Montmorency-Thoré, fils cadet du connétable, ajouta sous le règne de Henri III [3] à l'église de *Dangu* pour y placer les tombeaux de sa famille [4], n'ont pas pour nous un intérêt plus

[1] Le chœur et le collatéral nord ont seuls été reconstruits au XVIe siècle ; le collatéral sud et la nef datent du XIIIe siècle.

[2] Il s'agit ici du bas-côté méridional ; le reste de l'église est des XIIe et XIIIe siècles.

[3] La date de 1589 se lit sur un fragment de vitrail.

[4] Le plan de la chapelle atteste à lui seul cette destination. Il ne reste plus rien

immédiat [1]. 'Ni le bas-côté méridional de l'église de *Jouy-le-Comte*, ni les trois nefs de celle de *Berthenonville*, construits vers 1575, sous l'influence des monuments élevés par Nicolas Le Mercier et par Jean Grappin, ne nous arrêteront davantage. Leur examen ne serait absolument d'aucun profit et nous préférons consacrer quelques lignes à la tour de *Moussy* et à l'église de *Guiry*. La première est pourtant loin de constituer par elle-même une œuvre d'art importante, mais nous sommes heureux de trouver dans l'entrée un peu trop élargie qui en forme la base les résultats d'une étude sérieuse et la preuve d'un talent véritable. Une arcade cintrée, sur l'extrados de laquelle sont assis des anges tenant des palmes, est comprise entre quatre colonnes doriques, séparées par de petites niches, et sous un entablement à rosaces surmonté d'un fronton triangulaire. Tout cela rappelle assez bien la manière de Nicolas Le Mercier et nous ne serions nullement étonné qu'il en ait donné le dessin au temps où il travaillait à la tour de Chars. Nous ne pouvons en dire autant du portail et de la tour de Guiry, car les dates s'y opposent. En 1557 et 1558 [2], le fils de Pierre Le Mercier était encore trop jeune pour pouvoir rien entreprendre. Le porche, formé, comme la plupart de ceux des églises contemporaines, d'une arcade à plein-cintre creusée assez profondément et décorée de niches et de caissons, a été mutilé d'une façon ridicule il y a une quinzaine d'années. La tour, terminée par un dôme quadrangulaire, repose à l'intérieur sur un gros pilier isolé, orné de pilastres. L'église elle-même est curieuse par l'homogénéité de son style [3].

aujourd'hui des mausolées qui s'y voyaient avant la Révolution. Le P. du Plessis *(Description de la Haute-Normandie*, t. II, p. 517) dit même qu'Anne de Montmorency y était inhumé, mais ceci est une erreur : tout le monde sait que le connétable fut enterré à Montmorency, sous le magnifique monument élevé par la piété de sa veuve, Madeleine de Savoie, actuellement détruit, mais dont on conserve quelques fragments au musée du Louvre, notamment deux belles statues dues au ciseau de Barthélemy Prieur.

(1) La chapelle de Dangu est peut-être due à des maçons, du nom de Bessin, qui existaient dans la paroisse à la fin du xvi° siècle. L'un d'eux, Jehan Bessin, épousa en février 1591 Perrette de Montheroult, fille d'Adrien de Montheroult, maître tailleur de pierre à Gisors.

(2) Ces dates se lisent à l'intérieur. Une autre date, que nous croyons être encore 1557, se voit, en outre, au pignon de la nef.

(3) La chapelle septentrionale seule est du xiv° siècle.

Les châteaux de la Renaissance ne sont pas, dans le Vexin, à beaucoup près aussi nombreux que les églises. Le beau château du cardinal
d'Amboise à *Vigny* est encore tout gothique; ceux du *Vaumain* et
d'*Éragny*, bâtis en briques au commencement du xvie siècle, bien que
présentant un type local fort curieux, n'ont rien qui puisse nous arrêter
en ce moment. Le vaste manoir de Pierre Le Gendre à *Halaincourt*,
avec son vieux donjon si pittoresque du xiie siècle et ses constructions
appareillées en échiquier de briques et pierres, est plus intéressant, mais
l'ornementation extérieure des fenêtres et des portes, par exemple,
n'emprunte rien à l'esprit de la Renaissance. A vrai dire, deux édifices
seulement méritent notre attention : ce sont le château de *Liancourt* et
le joli manoir seigneurial de *Bus-Saint-Remy*. Le seul pavillon qui
subsiste aujourd'hui du premier, est décoré aux angles de pilastres
ioniques et composites et la frise de l'entablement qui sépare les deux
étages montre des postes absolument semblables à celles de Saint-
Gervais. Néanmoins, il serait peut-être téméraire, sur ce simple rapprochement, d'en faire honneur à Jean Grappin et nous devons attendre de
nouvelles preuves pour savoir quel architecte répondit, vers 1560, à
l'appel de Nicolas de Pellevé, évêque d'Amiens, plus tard cardinal [1].
Seul avec le château d'Ambleville, le manoir de Bus, dont il est parlé
ici pour la première fois, représente dans nos contrées l'architecture
civile de la Renaissance [2]. Construit au milieu du xvie siècle, en pierres

(1) Le château, resté inachevé, fut démoli en 1830. Un aveu du 8 mai 1697 le décrit
ainsi : « Un grand pavillon double et un bout de corps de logis en pierre de taille, avec
ses ornements d'architecture depuis le bas jusqu'en haut. » (L'abbé Pihan, *Notice sur
Liancourt-Saint-Pierre*, p. 31.)

(2) Nous ne pouvons naturellement parler des châteaux qui n'existent plus. Celui
de *Trie*, détruit presque totalement à la Révolution et visité par la Société historique
de Pontoise le 6 juillet 1884, possède encore un escalier Renaissance trop souvent
restauré. Quant aux bâtiments eux-mêmes, le dessin qu'en donne Gomboust dans
l'encadrement du plan de Rouen (1655) ne nous renseigne que très imparfaitement sur
le genre de décoration qu'ils avaient reçue. Le château de Trie avait été reconstruit au
commencement du xvie siècle par Adrienne d'Estouteville, femme de François de
Bourbon, comte de Saint-Pol. — Les documents nous font encore plus complètement
défaut sur l'ancien *château* seigneurial de Magny, démoli en 1821, que M. Feuilloley
(*Notice sur le canton de Magny*, 2e édit., p. 149) nous dépeint comme « un admirable
manoir de la Renaissance, avec sa porte cintrée, ses grandes fenêtres à croisillons au
premier étage et ses cheminées de pierre, le tout couvert de sculptures dues peut-être

de taille, avec une rare solidité, il est fort simple à l'extérieur ; l'intérieur, qui sert depuis longtemps d'habitation à un fermier, bien que dégradé, offre encore des cheminées sculptées, des médaillons et surtout un charmant escalier, dont la voûte en arc surbaissé est très richement décorée d'arabesques, de fleurons et de clefs délicatement travaillées.

En dehors des grandes constructions où la sculpture n'intervient que comme art d'ornement, nous devons, pour être complet, signaler les œuvres où elle joue le principal rôle. Tels sont les fonts baptismaux de Belloy et d'Écouen, cuves ovales fort lourdes en elles-mêmes, mais couvertes d'arabesques délicates, au milieu desquelles on lit, à Belloy,

ℒan m vᶜ xxiiii

et ceux de Lassy, d'une simplicité de formes plus grande encore [1], mais célèbres par la curieuse inscription trilingue [2] gravée sur le bord de la cuve [3]. Nous indiquerons, en outre, comme étant pour la plupart d'excellents produits des artistes de la Renaissance, les belles croix qui se voient dans les cimetières de *Boutencourt, Enencourt-Léage, Jaméricourt, Saint-Denis-le-Ferment* [4], *Montjavoult* et *Omerville*.

---

aux premiers artistes du temps. » — Un certain intérêt devait aussi s'attacher au château de *Bertichère*, près Chaumont : « Le corps de logis, dit M. Graves *(Notice archéologique sur le département de l'Oise*, 2ᵉ édit., p. 406), appartient au style de la Renaissance ; il montre des fenêtres à chambranles ornés de médaillons, losanges, arabesques, etc., de larges frises sculptées, des pilastres latéraux en encorbellement ; quelques grandes fenêtres ont des filets et des meneaux croisés. L'escalier est enfermé dans une tour polygone saillante sur le mur de l'est, à angles décorés de colonnettes engagées et de pilastres. La porte a un fronton curviligne contenant un écusson. » Le château fut réduit de moitié en 1845, et naturellement on démolit la partie la plus remarquable.

(1) La cuve godronnée, de forme circulaire, repose sur un piédestal carré absolument dépourvu d'ornements.

(2) Française, latine et hébraïque. Cette inscription se termine par la date du : 12 · decē · 1·5·5·6·

(3) Nous pourrions y ajouter le baptistère de *Lierville*, type peu élégant, signalé par Frion dans son *Nouveau précis statistique sur le canton de Chaumont* (1859, p. 161), et recouvert depuis d'une ignoble peinture couleur marbre sous laquelle disparaissent les feuillages décorant le piédestal et qui permet à peine de lire la date 1544, indiquée par l'auteur que nous venons de nommer.

(4) Ces deux dernières sont malheureusement brisées.

Enfin, à cause de la rareté de la pierre dans cette contrée, les églises du Vexin normand présentent un autre genre de curiosités, les voûtes en merrain, décorées le plus souvent de riches sculptures et parmi lesquelles nous citerons surtout celles de *Heudicourt* et de *Puchay*. L'art du huchier est encore dignement représenté par les magnifiques stalles de l'abbaye de *Marcheroux*, qui se voient aujourd'hui dans le chœur de l'église de la Houssoye.

VI

La peinture sur verre, qui brilla d'un si vif éclat en France pendant le xvıᵉ siècle, ne saurait, on le conçoit sans peine, avoir été négligée par M. Palustre. Il s'est efforcé comme toujours d'ajouter quelques notions nouvelles à la somme de connaissances que nous ont transmise les écrivains qui ont fait de cette importante branche de l'art l'objet spécial de leurs études. L'histoire définitive n'est pas encore faite pour les peintres-verriers, pas plus que pour les architectes, mais force est de reconnaître qu'elle est singulièrement avancée. Toutefois, nous croyons qu'en plus d'un endroit l'auteur de la *Renaissance* a dû se trouver quelque peu embarrassé pour éclaircir des questions dont l'obscurité ne laisse pas d'être assez profonde. En ce qui concerne l'école de Beauvais surtout, qui, au xvıᵉ siècle, « dominait sans rivale des coteaux de la basse Seine à ceux du pays laonnois, » [1] il lui a fallu ne rien négliger absolument pour élucider des problèmes dont personne n'avait encore osé donner la solution, peut-être faute d'un sérieux examen. Certes, nous reconnaissons bien volontiers que, pour arriver à ce but, de nombreuses qualités étaient requises : il fallait une certaine connaissance de l'histoire locale jointe à un coup d'œil juste et à une pureté de goût irréprochable. Le système qui nous est présenté n'a rien que de parfaitement vraisemblable : ni la logique ni la chronologie ne sont atteintes ; mais cela ne suffit pas et son défaut capital est de ne pas être partout d'accord avec des textes qui doivent être le premier guide du critique. Un certain jour s'était produit

(1) *La Renaissance*, t. II, p. 20.

depuis que la *Notice de la cathédrale de Beauvais en 1685,* œuvre inédite du chanoine Etienne de Nully [1], avait fait connaître l'existence des deux fils d'Engrand Le Prince, dont les noms nous sont révélés par deux passages des comptes. M. Palustre a pu en tirer, par la comparaison d'une foule de vitraux avec les œuvres devenues dès lors authentiques, des conclusions que nous ne songeons nullement à révoquer en doute. Partout où, avant lui, on voyait, dans certaines initiales assez souvent répétées, les signatures de Jean et de Nicolas Le Pot, il reconnaît celles de Jean et de Nicolas Le Prince. Un autre résultat, plus contestable, celui-là, paraissait en découler : c'est que ces derniers seuls signaient leurs travaux, ce qui conduit à partager les pages anonymes entre Jean et Nicolas Le Pot. Mais ce qui était acceptable pour les uns ne l'est plus pour les autres. M. Palustre accorde à Jean Le Pot les verrières en grisaille et à son frère les vitres polychrômes non signées. Or, ce n'est pas ce que disent les documents, puisque tous font du premier uniquement un sculpteur, tandis que les grisailles sont le partage du second. Pourquoi M. Palustre, qui avait fort sagement agi en adoptant d'abord [2] l'opinion motivée de M. G. Desjardins [3], est-il revenu, dans son second volume [4], sur sa première décision, en lisant une communication de l'abbé Barraud au Comité des arts et monuments [5]? Si nous ne nous trompons, nous voyons ici la trace d'un de ces embarras dont nous parlions tout à l'heure. L'abbé Barraud, malgré le respect dont on doit entourer sa mémoire, ne saurait être invoqué comme une autorité dans la circonstance, puisqu'il confond Jean et Nicolas Le Pot avec les deux fils d'Engrand Le Prince, dont il ignorait d'ailleurs l'existence, et qu'il voit les premiers partout où, avec raison, M. Palustre nous montre les seconds. Si l'ancien directeur de la Société française d'archéologie avait lu la monographie détaillée et complète consacrée par le savant chanoine

(1) Publiée par M. Gustave Desjardins à la suite de l'*Histoire de la cathédrale de Beauvais,* 1865.

(2) *La Renaissance,* t. Ier, p. 58.

(3) *Histoire de la cathédrale de Beauvais,* p. 57.

(4) P. 20 de *la Renaissance.*

(5) *Bulletin du Comité des arts et monuments,* t. II, p. 92. — Cette communication est relative à l'église Saint-Etienne de Beauvais.

aux vitraux de l'église Saint-Etienne de Beauvais [1], il n'eût pas tardé à s'apercevoir que ce dernier n'était pas, sur le point qui nous occupe, plus avancé que ses contemporains.

En revanche, du côté des Le Prince, rien n'empêche, nous le répétons, de croire que M. Palustre a atteint la vérité et nous espérons être agréable aux lecteurs en résumant ici les pages éparses qu'il leur consacre.

Le chef de la famille est Engrand Le Prince, aujourd'hui encore en possession d'une renommée devenue presque populaire. La date de sa naissance ne nous est pas parvenue, mais nous connaissons heureusement celle de sa mort, ce qui nous épargne bien des hésitations au sujet des vitraux postérieurs où son talent revit entre les mains de ses fils. Son épitaphe, autrefois dans le cimetière qui entourait l'église Saint-Etienne, près la « tribune aux harangues, » a été publiée par M. Stanislas de Saint-Germain [2], d'après un manuscrit conservé au chartrier du château de Bachivilliers. Elle nous apprend qu'il mourut le jour de Pâques fleuries 1530. La première œuvre authentique que l'on connaisse de lui est le bel *Arbre de Jessé* qui se voit à l'extrémité du collatéral nord de Saint-Etienne, dont M. Palustre place l'exécution à l'année 1518 [3] et qu'il estime son chef-d'œuvre et « l'une des plus admirables productions en ce genre que le nord de la France puisse nous présenter. » L'attribution à Engrand est d'ailleurs parfaitement justifiée. Sous les traits de l'un des dix rois, le maître nous a donné son propre portrait, en y joignant des marques de modestie sur la signification desquelles il est impossible de se méprendre, surtout après avoir lu les mots *ENGR ROI*, écrits à la partie supérieure de l'une des manches de son riche manteau. La même église de Saint-Etienne possède une autre verrière où il est permis de saluer encore le beau talent d'Engrand Le Prince. Nous voulons parler de la fenêtre représentant les quatre translations de

(1) *Mémoires de la Société académique de l'Oise*, t. II, p. 537-597.

(2) *Notice historique et descriptive sur l'église Saint-Etienne de Beauvais* (1843), p. 44.

(3) *La Renaissance*, t. Ier, p. 63. — M. Graves (*Notice archéologique sur le département de l'Oise*, 2e édit., 1856, p. 384) fixe le commencement des travaux du chœur de Saint-Etienne à 1506. Douze années plus tard, les collatéraux et les chapelles étaient certainement terminés et l'édifice était bien près d'atteindre son entière perfection.

la maison de la sainte Vierge, qui lui est attribuée par Denis Simon [1] et sur laquelle on remarque les initiales *P. L. P.*, que l'abbé Barraud propose de traduire par *Pinxit Le Prince.* [2]

Nous retrouvons ensuite Engrand Le Prince à la cathédrale de Beauvais, dans les deux baies qui éclairent la chapelle de Saint-Pierre et Saint-Paul, autrefois consacrée à sainte Barbe, et dont l'une est datée de 1522. Il serait facile d'y reconnaître sa main [3], si les auteurs les plus sérieux [4] ne nous renseignaient positivement sur ce point. [5]

En 1524 [6], Engrand exécute à Saint-Etienne la légende du saint patron de la paroisse, dont Simon lui fait honneur, ce que confirme un commencement de signature : *EN*, que l'on aperçoit sur un meuble.

La réputation du maître beauvaisin était devenue sans doute fort considérable, car c'est à lui que fit appel le baron Guillaume de Montmorency, lorsqu'après avoir fait reconstruire le chœur de la vieille collégiale qui abritait les tombeaux de ses ancêtres, il voulut en garnir les baies de peintures translucides. Deux verrières sont contemporaines de la précédente et portent le millésime de 1524 [7]. Nous avons relevé sur l'une d'elles, en deux endroits différents, les initiales *E. L. P.*, qui sont bien celles du célèbre verrier. Le dessin laisse un peu à désirer, mais les couleurs sont bien reconnaissables et les signes distinctifs de toute l'école s'y montrent très visiblement : dans la verrière dont nous venons de parler, le sol est formé d'un moelleux tapis d'herbe verdoyante où broutent et folâtrent des lapins. [8]

(1) *Supplément à l'histoire du Beauvaisis*; 2ᵉ partie, *Nobiliaire de vertu*, p. 119-120.

(2) *Description des vitraux de Saint-Etienne de Beauvais*, p. 545.

(3) L'abbé Barraud, *Description des vitraux des chapelles de la cathédrale de Beauvais*, ap. *Mém. de la Soc. acad. de l'Oise*, t. III, p. 52.

(4) Le Vieil, *l'Art de la peinture sur verre*, 1ʳᵉ partie, ch. XII, p. 35, et Denis Simon, *Nobiliaire de vertu*, p. 130.

(5) Etienne de Nully attribue le dessin du vitrail en question à Lucas (de Leyde ?). Le Vieil et Denis Simon disent Albert Dürer.

(6) Cette date nous est révélée par une longue inscription en vers.

(7) A la partie inférieure de la fenêtre centrale de l'abside et au sommet de la seconde baie du collatéral nord.

(8) L'église de Montmorency possède d'autres vitraux un peu plus récents; ce sont ceux qui décorent les nefs. Il suffit d'ailleurs pour les distinguer de jeter un coup d'œil

A la même époque, Engrand Le Prince travaillait aussi pour Rouen, où son nom se voit, uni à celui de son fils Jean, à l'église Saint-Vincent, dans le beau vitrail représentant les *Dons de miséricorde*. Cette superbe page est peut-être la dernière à laquelle le maître ait mis la main, car M. Palustre en recule la date jusque vers 1530. Une autre verrière (la légende de saint Jean-Baptiste), dans la même église, porte les mêmes monogrammes, avec la date 1525. A ces deux fenêtres, M. Palustre en ajoute une troisième, où sont peintes différentes scènes de la vie de saint Pierre, non signée, mais où se retrouvent, selon lui, les caractères éminemment distinctifs des précédentes. Ce serait la première de la série.

C'est grâce à M. Gustave Desjardins que nous connaissons aujourd'hui les deux fils d'Engrand Le Prince et que la lumière s'est faite d'une manière sensible, sinon tout à fait complète, sur l'histoire des artistes de talent qui, pendant la première moitié du xvie siècle, tinrent si dignement le sceptre de la peinture sur verre dans le nord de la France. Le chanoine Etienne de Nully nous apprend, en effet, que la grande rosace méridionale et les sibylles du portail nord sont de Le Prince, ce qui ne laisse pas, il est vrai, d'être un peu vague. Mais, par ailleurs, le *Sommaire des délibérations du chapitre*, seul vestige des comptes originaux [1], nous révèle qu'en 1537 Jean Le Prince travaillait aux vitres du transept nord, en même temps que Nicolas. Quant à la rose du midi, les initiales *N. L. P.* ne laissent aucun doute sur celui des deux frères qui doit la revendiquer. Ces documents, quelle que soit leur concision, sont d'une incontestable utilité en ce qu'ils nous fournissent des points de comparaison à l'aide desquels, avec un peu d'attention, il est permis de chercher à établir surtout l'actif artistique de Jean Le Prince, dont la manière était encore plus caractérisée que celle de son frère.

Rien ne prouve qu'il soit l'aîné, comme l'avance M. Palustre, à cause de la présence de son nom joint à celui du père dans les vitraux de Saint-Vincent de Rouen. Mais la différence d'âge qui séparait les deux frères ne devait pas être très considérable, car nous les voyons en 1524 [2]

sur les nombreux *priants* rangés au bas de la plupart d'entre eux. Le baron Guillaume, Anne Pot et leurs enfants font place au connétable et à Madeleine de Savoie, dont les enfants sont également rangés derrière eux.

(1) Cité par M. G. Desjardins, *op. cit.*, p. 52.

(2) Le dernier chiffre est d'une lecture douteuse, étant à demi caché par un meneau.

signer en commun, de la manière suivante, ·N·I·C·O·L· I·H·, la légende de saint Claude, dans l'église Saint-Etienne. Denis Simon, nous ne l'ignorons pas, l'attribue à Engrand, mais, outre qu'il a pu se tromper, on peut expliquer son dire en admettant que le vitrail en question a été exécuté par les fils sous la direction du père. Quoi qu'il en soit, il est probable que Jean Le Prince débuta, dans ces conditions, vers 1525, à Saint-Vincent de Rouen.

Les rapprochements fournis par les documents cités plus haut devraient, sans nul doute, à Saint-Etienne surtout, augmenter la liste de ses productions dans sa ville natale. Mais ce travail serait trop long pour que nous songions à l'entreprendre ici et nous n'oublions pas que notre devoir est de présenter simplement des observations sur les vitraux de la région qui constitue le domaine archéologique de la Société historique de Pontoise. Il était nécessaire néanmoins de les rattacher à l'école dont elles sont une des brillantes manifestations. Nous ne pourrons, en conséquence, nous arrêter longtemps sur le beau vitrail de Saint-Etienne où sont retracées les nombreuses et émouvantes péripéties de la vie de saint Eustache. Nous n'ignorons pas que sur un panneau se trouve un monogramme composé des lettres *A. L. P.* et qu'il faut renoncer à expliquer par Engrand Le Prince, puisque son nom s'écrivait toujours par un *E*. Nous ajouterons que la légende de saint Eustache est au nombre des œuvres qui lui sont attribuées, à tort ou à raison, par Denis Simon. Il faut voir là une de ces bizarreries dont l'histoire de l'art offre de trop fréquents exemples et qui resteront longtemps à l'état de mystère [1]. Aussi, au lieu de nous attarder à chercher une solution douteuse, préférons-nous immédiatement nous transporter dans la ville des Andelys, pour admirer avec toute l'attention dont il est digne le beau vitrail daté de 1540 où sont peintes l'Annonciation et l'Assomption de la Vierge et la dernière scène de la légende du vidame Théophile [2]. C'est une magnifique

[1] Ce vitrail a d'ailleurs été profondément remanié à plusieurs reprises ; des panneaux entiers ont été refaits ; plusieurs dates s'y lisent, notamment celles de 1553, 1554, 1572 et 1575, ce qui nous transporte loin d'Engrand Le Prince.

[2] Nous ne parlons que des panneaux principaux, de ceux qui remplissent les cinq lancéoles. La Visitation, la Trinité et la fuite en Egypte garnissent les compartiments du tympan, très simples de formes et probablement disposés tout spécialement pour recevoir le vitrail. Cf. *Vitraux du Grand-Andely*, par Edouard Didron, 1863.

composition où **M.** Palustre voit la main de Jean Le Prince. A l'entendre, le maître aurait même signé son œuvre. Le mot *PRINCE* se lit, il est vrai, sur une poutre dans la première baie ; mais il faisait partie d'une inscription latine enlevée à la molette, aujourd'hui presque totalement effacée et que **M.** Brossard de Ruville [1] a complétée, un peu trop gratuitement à notre avis, par *PRINCEPS THRONORVM*, ce qui s'appliquerait à l'ange Gabriel. Au fond, rien ne prouve qu'à cette place il faille voir une signature de peintre-verrier. Cette petite réserve ne nous empêche pas, du reste, de nous rallier franchement à l'opinion de **M.** Palustre quant à l'origine du vitrail. La pureté du dessin et le coloris, qui a conservé toute sa merveilleuse intensité, suffiraient à la faire accepter.

Une signature plus authentique se voit à Rouen, dans cette même église de Saint-Vincent, qui avait été témoin des premières armes du fils d'Engrand Le Prince. Sur l'un des chars qui composent le cortège triomphal de la sainte Vierge, au milieu d'une verrière justement célèbre, on lit distinctement les premières lettres de son nom : *IEHAN LE PR....* Ici, le doute n'est pas permis. Mais un autre problème est soulevé : entre les rais de l'une des roues, on croit voir la date 1515, ce qui nous ramènerait de beaucoup en arrière. Certes une pareille page ne ressemble nullement à une œuvre de début et, selon la judicieuse observation de **M.** Palustre, Jean Le Prince n'aurait pas consenti, dix ans plus tard, à se remettre volontairement sous la dépendance paternelle. Il faut, comme **M.** Palustre, ne voir dans cette prétendue date que des lettres : *IS-IS*, sans signification précise, ou, avec plus de vraisemblance, selon nous, rétablir le véritable ordre des deux derniers chiffres et lire 1551.

Outre les vitraux de Saint-Vincent et celui des Andelys, Jean Le Prince laissa probablement d'autres œuvres en Normandie, où, chacun le sait, la peinture sur verre était singulièrement en honneur au XVI° siècle [2]. Mais la plupart ont disparu et, en dehors des précédentes,

[1] *Histoire de la ville des Andelis*, t. I⁰ʳ, p. 437.

[2] « Dans le département de l'Eure principalement, il n'y a pour ainsi dire pas une localité un peu importante qui ne montre d'admirables séries de vitraux. Faut-il citer au hasard Pont-Audemer, Conches, Beaumont-le-Roger, Serquigny, Bernay, Pont-de-l'Arche, Gisors et les Andelys ? » (*La Renaissance*, t. II, p. 246.)

trois fenêtres seulement, croyons-nous, peuvent être par lui revendiquées. La première est le beau Triomphe de la Vierge qui brille dans le bas-côté septentrional de l'église de Conches et qui présente trop d'analogie avec celui de Rouen pour que M. Palustre en ait fait honneur à un autre artiste [1]. Les deux autres se voient dans l'église de Gisors. M. Palustre, il est vrai, les met au compte des verriers de cette ville, les Buron, mais une comparaison attentive avec une autre peinture signée du plus célèbre de ceux-ci et placée tout à côté ne permet pas à M. l'abbé Blanquart [2] d'adopter cette solution. Ce dernier, au nom de l'artiste gisorsien, propose, avec beaucoup de raison, de substituer ceux de Jean et de Nicolas Le Prince, qui auront uni leur talent à Gisors comme ils l'ont uni dans la verrière de saint Claude, à Saint-Etienne de Beauvais, dont toutes deux présentent les plus frappantes réminiscences. [3]

Enfin, pour contempler les dernières créations de Jean Le Prince, il faut se rendre dans l'église de Triel. Le chœur était à peine reconstruit que déjà des vitres peintes garnissaient les fenêtres. Presque toutes existent encore aujourd'hui et mériteraient une étude spéciale. Il y aurait, du reste, un choix à faire. L'arbre de Jessé placé à l'entrée du collatéral nord est un peu trop confus : aux douze rois, l'artiste a ajouté deux prophètes porteurs de phylactères ; on comprendra facilement que, pour faire entrer tout cet ensemble dans le cadre assez étroit d'une double lancette, il a fallu nécessairement entasser quelque peu les personnages et renoncer à cette simplicité harmonieuse qui distingue la composition similaire bien connue d'Engrand Le Prince. En revanche, le dessin montre encore de sérieuses qualités, bien qu'il ne soit pas exempt de maniérisme. A cette verrière, nous préférons de beaucoup celle placée tout auprès et où, dans les trois divisions d'une baie cintrée, prennent

(1) Dans une intéressante *Notice sur un vitrail de Sainte-Foy de Conches* (*Congrès archéologique de France*, t. L, 1883, p. 542-549), M. l'abbé Porée a établi que les éléments de la composition ont été fournis au peintre-verrier par une gravure de Geoffroy Tory.

(2) *Notice sur les vitraux de Gisors*, 1re partie : *les peintres-verriers*, p. 10.

(3) Les deux vitraux de Gisors portent, l'un (légende des saints Crépin et Crépinien, placée dans le latéral nord) la date de 1530, découverte par M. l'abbé Blanquart, et l'autre (vie de saint Claude) un millésime évidemment contemporain, mais dont la lecture est difficile à cause de la présence d'un meneau.

place saint Roch, saint Martin partageant son manteau, saint Nicolas ressuscitant les étudiants de Myre et le martyre de saint Sébastien. A la vue d'une aussi admirable page, nous n'hésitons pas à croire que Jean Le Prince a pu répondre au pieux désir du riche marchand de Meulan qui a doté l'église de ce véritable joyau artistique [1]. Le dessin est d'une incomparable correction et les couleurs ont gardé toute leur première franchise et leur extraordinaire vivacité. Si le peintre n'avait pas ici à mettre en œuvre la science d'arrangement que nous remarquons ailleurs, nous ne connaissons pas d'autre production où l'on puisse mieux juger de son talent hors ligne. La petite chapelle triangulaire qui termine à l'est le même bas-côté présente une autre magnifique page où est reproduite l'histoire de saint Jacques et des pèlerins chez l'aubergiste de Toulouse. C'est celle qui se rapproche le plus de la précédente par l'éclat du coloris et la pureté du dessin. Elle est de trois années plus ancienne [2], mais on ne saurait douter un instant qu'elle soit de la même main. Quant aux autres vitraux, bien qu'aussi fort remarquables, ils sont néanmoins inférieurs à ceux dont nous venons de parler et nous n'oserions, comme M. Palustre, les attribuer tous à Jean Le Prince. A Dieu ne plaise cependant que nous passions sans nous arrêter devant les deux fenêtres qui, dans une chapelle au sud, montrent le dîner chez le Pharisien et l'entrée de Jésus à Jérusalem ; mais elles ne rappellent pas précisément ce que nous venons de voir au nord et de nouvelles recherches sont nécessaires avant que l'on puisse prononcer le nom de leur auteur.

On le voit, Jean Le Prince a beaucoup profité des découvertes de M. Palustre, mais il n'en est malheureusement pas de même de son frère Nicolas, dont, en dehors de ses vitraux de la cathédrale et de Saint-Etienne de Beauvais et de deux verrières à Gisors, nous ne connaissons aucune œuvre certaine.

(1) Au bas de la fenêtre se lit cette inscription en lettres gothiques :

Thomas mercier marchant
dem au fort de meullent a
done cete vitre lan mil cinq
cens lvii pries dieu pour les
trespassés

(2) Elle porte la date 1554.

Jean Le Pot a-t-il été peintre-verrier ? A cette question, nous répon-
dons résolûment non. Tous les documents font de lui un sculpteur et
nous ne voyons pas de raison plausible d'abandonner des autorités
incontestables pour adopter, à l'exemple de M. Palustre, l'opinion
d'écrivains modernes qui se sont copiés tour à tour et n'ont jamais, il
faut bien l'avouer, poussé fort loin l'investigation en pareille matière.
Denis Simon [1], en 1704, qualifie le gendre d'Engrand Le Prince [2] de
« très habile sculpteur. » Le Vieil, qui écrivait d'après des témoignages
locaux, ne lui donne pas d'autre appellation. Mais le texte le plus
concluant est la pierre tombale même du maître, publiée par M. de
Saint-Germain [3] et dont l'épitaphe était ainsi conçue : « Cy gist Engrand
Le Prince, en son vivant vitrier natif de Beauvais, lequel décéda le jour
de Pasques fleurie 1530, et Jean Le Pot, *tailleur d'images*, natif de
Ballerva [4] près d'Arras, qui trépassat le 12e juillet 1563. Les dits ont
fait dans cette église [5] plusieurs œuvres de leur métier. Priez Dieu
pour les trépassés en disant Pater noster — Ave Maria [6]. » Enfin
Etienne de Nully et Borel de Bretizel [7] rapportent une longue liste
d'ouvrages de sculpture qu'il exécuta dans les églises de Beauvais :
statues, clôtures de chapelles, retables, bas-reliefs, telles sont les œuvres
sur lesquelles son ciseau s'exerçait le plus souvent. Son chef-d'œuvre ou
tout au moins l'un de ses morceaux capitaux et l'un des rares échan-
tillons de son talent qui aient survécu aux ravages du vandalisme, ce

---

(1) *Nobiliaire de vertu*, p. 77.

(2) Denis Simon (*Nobiliaire de vertu*, p. 120) est le premier qui nous fasse connaître
l'alliance du sculpteur artésien avec la fille du célèbre verrier, alliance que confirme
d'ailleurs sa communauté de sépulture avec ce dernier. Quelques auteurs ont avancé
que Jean Le Pot avait épousé la fille d'Antoine Caron, peintre de Beauvais, mais cette
erreur, accréditée par Cambry (*Description du département de l'Oise*, t. II, p. 213),
provient d'une mauvaise lecture de l'ouvrage de Simon.

(3) *Notice sur l'église Saint-Étienne de Beauvais*, p. 44.

(4) M. G. Desjardins croit avec raison qu'il s'agit de Bailleulval, canton de Beaumetz-
les-Loges (Pas-de-Calais).

(5) Saint-Étienne.

(6) Suivent vingt vers français de dix pieds, en l'honneur du crucifix qui surmontait
l'épitaphe ; la croix y est comparée au pressoir, allégorie mise en action par les
peintres-verriers du xvie siècle.

(7) Ms. cité par M. de Saint-Germain.

sont les magnifiques vantaux qui ferment le transept méridional de la cathédrale et dont M. Palustre fixe l'exécution à l'année 1535.

Au fond, rien n'empêche, nous le reconnaissons, que Jean Le Pot ait pu à la fois manier le pinceau et le ciseau, comme l'a avancé un auteur dont nous aurions tort du reste de nous exagérer la portée [1] : ce ne serait pas le premier exemple de ces talents multiples, à commencer par Michel-Ange et Jean Cousin. Mais son épitaphe et la grande quantité d'œuvres sculptées qui lui sont attribuées par des écrivains dignes de foi prouvent tout au moins qu'il faisait de la sculpture sa principale occupation. Et, comme le disait très bien M. Palustre lui-même, avant d'avoir lu la note de l'abbé Barraud qui, paraît-il, a tout à coup fait la lumière dans son esprit, « sans aucun doute, Jean Le Pot eût pu être tout à la fois sculpteur et peintre-verrier ; mais, puisque les documents ne lui donnent jamais que la première qualification, nous devons, jusqu'à nouvel ordre, nous en tenir à ce qui est avéré. » [2]

Notre opinion d'ailleurs a bien des chances d'être la vraie, puisque le frère de Jean Le Pot, Nicolas, est, au contraire, toujours appelé peintre-verrier et, qui plus est, peintre en grisailles, qualification que M. Palustre tenait précisément le plus à donner à Jean Le Pot. Denis Simon [3] et Le Mareschal [4] sont absolument affirmatifs sur ce point. Le dernier dit même qu'il possédait *en ce genre* une tentation de saint Antoine très bien conservée. « On y reconnaît, ajoute-t-il, de l'imagination et du talent ; un des diables, figuré en oiseau monstrueux, avec un capuchon sur la tête, porte une bande ou rouleau sur lequel on voit les trois initiales du nom du peintre, *N. L. P. 1540.* »

D'après ceci, les conclusions de M. Palustre sont-elles irrémédiablement ruinées ? Evidemment non, car le raisonnement qui lui fait attribuer à Jean Le Pot les quarante-quatre panneaux en grisaille où sont peintes toutes les scènes du roman d'Apulée, *les Amours de Psyché et de Cupidon,* doit nécessairement s'appliquer à son frère. Le prénom

(1) Tremblay, *Notice sur la ville et les cantons de Beauvais*, 1815, p. 98.

(2) *La Renaissance*, t. Ier, p. 58.

(3) *Nobiliaire de vertu*, p. 78.

(4) Le Vieil, *l'Art de la peinture sur verre*, p. 47.

seul est changé, mais nous avons encore affaire à l'un des représentants de l'école de Beauvais.

Ces admirables verrières avaient été précédemment attribuées à Bernard Palissy par Lenoir [1] et par M. F. de Lasteyrie [2], et à Jean Cousin par M. A. Firmin-Didot [3]. Lenoir les dit exécutées sur des cartons de Raphaël, tandis que Vasari nous apprend que ces cartons furent fournis par le flamand Michel Coxcie. On comprendra qu'une discussion sur l'origine de ces peintures nous entraînerait beaucoup trop loin. Au nom de Jean Le Pot, présenté par M. Palustre, nous proposons seulement de substituer celui de son frère, seul en possession du genre de célébrité nécessaire. Le Mareschal dit que ce dernier ne laissa rien dans les églises de Beauvais. La mode qu'il inaugurait [4] pouvait ne pas être goûtée de tout le monde et nul doute qu'à Beauvais on ne lui ait préféré de beaucoup les éclatants tableaux des Le Prince. Il a donc surtout travaillé au dehors et, selon toute probabilité, uniquement pour des amateurs capables d'apprécier ses audacieuses innovations. Les grisailles d'Écouen et les autres œuvres similaires à propos desquelles M. Palustre évoque encore le nom de Jean Le Pot, surabondamment caractérisées par l'emploi étendu du manganèse et du jaune d'argent (mélange de sulfure d'argent et d'ocre jaune calcinée), ne sauraient, du reste, aucunement être confondues avec celles que Jean Cousin obtint quelques années plus tard à l'aide de l'oxyde d'étain. M. Palustre a trouvé, dans la chapelle du château de Marchais, près Laon, bâti par Jean de Lon-

(1) *Traité historique de la peinture sur verre*, p. 99.

(2) *Un grand seigneur du xvi° siècle. Le connétable de Montmorency*, p. 10.

(3) *Étude sur Jean Cousin*, p. 258. — On ne peut nier que quelques-unes d'entre elles montrent des détails familiers au célèbre peintre senonais : les pyramides signalées par M. Palustre même (t. II, p. 54) se retrouvent dans plusieurs, celles numérotées 5, 7, 23, 34, 35, 37, 40 et 41 des dessins de Lenoir. Mais ces ressemblances ne suffisent pas à M. de Lasteyrie (*op. cit.*, p. 11). D'après lui, « l'exécution des vitraux d'Écouen ne rappelle en rien le faire de Jean Cousin, tel qu'il se montre à nous dans ses œuvres les plus authentiques. Il suffit de voir les importantes verrières peintes par lui à Vincennes et où le connétable se trouve lui-même représenté, pour se convaincre que Cousin comprenait tout autrement la grisaille. »

(4) Les vitraux en grisaille exécutés par Jean Cousin (A. Firmin-Didot, *op. cit.*, p. 98 et 236) au château d'Anet et que Philibert de l'Orme dit être les premiers vus en France, sont postérieurs à ceux d'Écouen de cinq ou six ans.

gueval et terminé en 1546, un vitrail représentant l'Annonciation, qui rentre dans la catégorie des grisailles beauvaisines [1]. Quant à la belle verrière bien connue qui se voit dans l'église de Gisors [2] et qui se fait remarquer par une grande pureté de dessin, elle est évidemment de la même main que la série de l'Amour et Psyché. De cet ensemble d'indices et de ce fait que toutes ces œuvres sont situées dans la région où, à l'époque qui nous occupe, s'étendait l'influence de l'école de Beauvais, M. Palustre conclut que Jean Le Pot [3] a seul droit à revendiquer leur signature.

Si la solution trouvée par l'auteur de la *Renaissance* pour les verrières du château d'Écouen demeure pour ainsi dire entière, il n'en est pas de même de l'origine qu'il assigne à celles qui garnissent les grandes fenêtres du chœur de l'église Saint-Acceul. La participation prise par le connétable à cet embellissement de l'édifice est nettement établie par les groupes de donateurs placés au bas de chacune d'elles et où il figure avec ses cinq fils, en face de Madeleine de Savoie et de ses cinq filles [4]. A leur sujet on n'était pas plus d'accord que pour les précédentes. On en a fait tour à tour honneur à Primatice, à Jean Cousin, voire même à Jean Bullant. Il est absolument certain, le style général de la composition, le coloris et l'exécution le prouvent d'une façon péremptoire, que l'école de Beauvais peut seule être ici mise en cause. M. Palustre ne croit pas pouvoir les attribuer à Jean ni à Nicolas Le Prince et il leur donne pour auteur Nicolas Le Pot. A la vérité, elles ne sauraient, croyons-nous, être de la même main que la plupart des œuvres signées *I. L. P.* et *N. L. P.* Le mémoire que Le Mareschal adressait à Le Vieil dit que Nicolas Le Pot pratiquait *surtout* la peinture en grisaille : cela laisse sous-entendre qu'il s'adonnait également à la peinture polychrôme.

Il sera toujours dangereux de comparer des grisailles à des vitraux coloriés et les inductions qui peuvent ressortir de recherches entreprises

---

(1) *La Renaissance*, t. Ier, p. 113.

(2) *La Renaissance*, t. II, p. 56. — L'abbé Blanquart, *Notice sur les vitraux de Gisors*, 1re partie, p. 10.

(3) C'est-à-dire Nicolas Le Pot.

(4) Les autres *priants* qui se voient à la partie inférieure des fenêtres méridionales ont été ajoutés plus tard, en 1587. Voyez la *Renaissance en France*, t. II, p. 21-22.

dans ces conditions doivent être reçues avec la plus extrême réserve. Nous croyons devoir néanmoins exposer les remarques qui nous ont été suggérées par un examen des vitraux en question. Nous avons observé surtout des ressemblances sensibles entre ceux de la chapelle de la Vierge principalement et la grande grisaille de Gisors. Les têtes, surtout les têtes de vieillards, ne sont pas sans présenter quelque analogie ; leur petitesse est partout remarquable. Dans la scène de la mort de la Vierge (première fenêtre du nord), on voit un petit coffret cerclé de fer qui rappelle celui figurant à Gisors parmi l'ameublement de la chambre où Marie reçoit la visite de l'ange Gabriel et ceux placés aux côtés de Psyché, dans la vitre qui la montre admirant l'intérieur du palais où l'a conduite Zéphyre. Un autre coffret semblable et un dévidoir se voient, comme à Gisors, dans la scène de l'Annonciation, qui occupe la fenêtre voisine. Des poses de personnages sont également identiques. A une troisième fenêtre, le saint Joseph accoudé au second plan qui assiste à l'adoration des bergers, semble copié sur celui qui, à Gisors, contemple les rois mages déposant leurs offrandes aux pieds du divin enfant.

Les vitraux de la chapelle de la Vierge, les premiers exécutés [1], et ceux de l'abside et du chœur paraissent tous de la même main, quoi qu'en dise M. A. Firmin-Didot [2]. Un observateur attentif ne manquera pas de remarquer les points nombreux qui donnent matière à des rapprochements faciles : il serait trop long de les énumérer ici.

De tout ce qui précède s'en suit-il que Nicolas Le Pot a exécuté à la fois les grisailles profanes et les vitraux religieux ? Il serait peut-être téméraire de l'affirmer positivement, mais les deux artistes ont eu certainement entre eux de fréquents rapports et devaient s'aider de leurs mutuels conseils, et si nous n'osons nous prononcer dès maintenant d'une manière définitive, c'est qu'il est prudent de ne pas trop s'aventurer sur un terrain où, de nombreux exemples en témoignent, il est trop facile de s'égarer.

---

(1) La date de 1544, évidemment commune, se lit sur la seconde verrière (l'Annonciation et la Visitation), tandis que celle de 1545 figure à plusieurs endroits dans les fenêtres du chœur.

(2) *Étude sur Jean Cousin*, p. 263. — Des défaillances de dessin se remarquent dans les vitraux de la chapelle de la Vierge, mais le faire général est le même que dans ceux du chœur.

La détermination rigoureuse de l'auteur des verrières de Saint-
Acceul rendrait d'ailleurs un véritable service à l'histoire de l'art, car
elles méritent toute notre admiration : « Bien qu'aux rayons du soleil les
vitraux d'Écouen resplendissent de l'éclat le plus vif, ils ne laissent pas,
dit M. Palustre, d'être peints dans une gamme relativement claire et
douce. Les couleurs employées manquent par elles-mêmes d'intensité,
mais elles s'animent avec une facilité merveilleuse. On dirait que de leur
chatoiement se dégage une sorte de musique, qu'en les traversant la
lumière devient sonore, et l'effet produit est presque analogue à celui
d'un harmonieux concert. Il faut surtout à ce point de vue examiner la
fenêtre où, au-dessus de la femme du connétable, Madeleine de Savoie,
agenouillée avec ses cinq filles, et ayant derrière elle sa patronne en
compagnie de sainte Marthe, se développent deux belles compositions
empruntées à la vie du Sauveur. D'abord, le Christ, drapé dans un
magnifique manteau rouge et la bêche à la main, apparaît à la grande
pécheresse de Magdala dont il tempère l'indiscrète curiosité ; puis, entouré
des saintes femmes, il porte péniblement l'instrument de son supplice et
se dirige lentement vers le Golgotha. Certes, en contemplant cette œuvre
véritablement hors ligne, on comprend d'autant mieux les éloges décernés
à Nicolas Le Pot par ses contemporains que la postérité est prête à les
ratifier pleinement. » [1]

Les vitraux de Psyché décorent aujourd'hui une des galeries du
château de Chantilly, dont la chapelle a également offert un asile aux
vestiges des riches verrières qui garnissaient autrefois les fenêtres de la
chapelle d'Écouen. Ces fragments, datés de 1544, et où le connétable
est encore représenté à genoux avec sa famille, formaient la partie inférieure des baies. M. Palustre ne craint pas de leur donner une origine
commune avec ceux de l'église. Derrière les donateurs se dressent saint
Jean-l'Évangéliste et sainte Agathe, l'un et l'autre peints en grisaille, de
la même manière que l'histoire de Psyché et que deux autres tableaux
sur verre, la Circoncision et la Nativité, aujourd'hui conservés dans les
petites chapelles latérales de Chantilly. Ces tableaux sont également
attribués à Bernard Palissy par Lenoir [2]. M. Gruyer paraît croire que

(1) *La Renaissance*, t. II, p. 22.
(2) *Traité historique de la peinture sur verre*, p. 83. → Lenoir (p. 85) attribue

les portraits polychrômes et les saints en grisaille sont de la même main [1]. Faut-il conclure de là que Nicolas Le Pot a, dans l'église et le château d'Écouen, exécuté par lui-même les deux séries importantes de peintures translucides dont nous avons parlé ? Le rapprochement de toutes les dates rend la chose inadmissible, puisque les deux extrêmes ne sont séparées que par quatre années. Mais on peut toutefois considérer dès maintenant comme certain que tout se faisait sous une direction unique.

Aux vitraux d'Écouen, il convient de rattacher ceux d'*Ézanville* et du Mesnil-Aubry, dus également à la munificence d'Anne de Montmorency. Dans les premiers, les sujets, bouleversés, sont devenus à peu près méconnaissables. Au Mesnil-Aubry on a rassemblé dans les fenêtres du sanctuaire les débris principaux des vitres qui ornaient autrefois les nefs latérales. On y voit notamment la représentation du châtelain d'Écouen et de ses enfants, copiée sur les vitraux de Saint-Acceul, mais à une époque postérieure. D'autres fragments sont datés de 1583 ; les plus anciens, encore en place dans le bas-côté nord, sont de 1536.

L'exemple donné par le connétable ne manqua pas d'être bientôt suivi par les seigneurs ses voisins et on ne sera pas étonné d'apprendre que toutes les églises de la banlieue de Paris étaient autrefois renommées pour la beauté et la richesse de leurs verrières, datant pour la plupart du xvie siècle. Le Vieil [2] cite comme remarquables celles de *Groslay*, *Margency*, *Domont*, *Attainville*, etc. Il n'en reste aujourd'hui que des vestiges sans importance. Seule, l'église de Groslay nous montre, dans une chapelle méridionale, un bel Arbre de Jessé qui, par les qualités du dessin et la disposition générale, évoque le souvenir de celui de Saint-Etienne de Beauvais, auquel il est, du reste, de beaucoup postérieur.

Le mauvais goût et le vandalisme ont de tout temps exercé leur funeste action. Mais c'est principalement au xviiie siècle et sur les vitraux peints qu'ils paraissent s'être le plus acharnés. On ne peut douter qu'à

encore à Palissy les panneaux coloriés provenant de la chapelle d'Écouen ; il est inutile de dire que cette opinion n'est pas plus fondée que celle qui fait des vitraux de Saint-Acceul une œuvre du potier saintongeois.

(1) *Les monuments de la Renaissance française dans la chapelle du château de Chantilly (Revue des Deux-Mondes,* 1er juillet 1884, p. 127).

(2) *Art de la peinture sur verre,* p. 56.

la Renaissance, lorsque la peinture sur verre était partout brillamment représentée, la plupart des fenêtres de nos églises aient reçu ce complément indispensable de leur décoration intérieure. En vain chercherait-on aujourd'hui les œuvres d'art dont elles furent alors enrichies. Des vitres blanches les ont trop souvent remplacées. L'église de Gisors, notamment, qui avait au xvi⁰ siècle ses verriers à elle et dans laquelle « les Buron font pendant aux Coulle et aux Grappin, » a beaucoup souffert de ce dédain de nos pères et des fureurs inintelligentes de la Révolution [1]. C'est dire combien les quelques fenêtres qui ont échappé à l'anéantissement méritent toute notre attention. Nous savons que notre distingué confrère et ami M. l'abbé Blanquart s'occupe de les décrire ; c'est une raison pour nous de ne pas insister davantage aujourd'hui.

Saint-Maclou de *Pontoise* a été moins heureux encore. La fabrique, par une délibération prise le 9 août 1739, décida que l'on ôterait « toutes les vitres peintes qui se trouvent dans l'étendue de ladite église, pour y substituer des panneaux de verre blanc. » [2] Seules, la partie supérieure de quelques fenêtres des chapelles, au nord, et les deux verrières qui ornent la chapelle de la Passion ont survécu à cette exécution. Mais c'est bien vainement que l'on chercherait à faire des rapprochements. Les charmants panneaux qui restent de la légende de saint Fiacre, remarquables par une certaine finesse d'exécution, ne rappellent en rien les deux grandes compositions qui montrent le Crucifiement et le Portement de la Croix. Ces dernières même, bien qu'évidemment contemporaines [3] et en dépit d'une certaine similitude d'arrangement, ne doivent pas être de la même main. Les fonds gris bleutés et les teintes assez douces de la première ne ressemblent pas le moins du monde aux horizons foncés et au coloris quelque peu exagéré de la seconde et rien ne justifie l'attribution que l'on a voulu en faire à Jean Cousin. Seule l'école de Beauvais a droit à revendiquer ces pages où ses procédés sont visiblement mis en pratique par des artistes sur lesquels les documents nous font absolument

(1) « Les superbes vitraux de l'église de Gisors, dépouillés du grillage de fer qui les défendait à l'extérieur, ont été criblés à coups de pierres. » (Grégoire, *Rapports sur les destructions opérées par le vandalisme*, 1er rapport, 1794.)

(2) J. Depoin, *l'Église Saint-Maclou de Pontoise et le vandalisme légal*, ap. *Mém. de la Soc. hist. de Pontoise*, t. III, p. 23.

(3) La date de 1545 se lit sur une pierre, au bas de la première.

défaut. Si l'on tenait à les rattacher à quelque chose dans la région, ce ne pourrait être qu'à certaines fenêtres de Triel, notamment à celle de la Mort de la Vierge, dans le bas-côté méridional du chœur, et encore d'une façon trop imparfaite peut-être pour oser conclure à une même origine.

Un ensemble complet de vitraux se voyait également avant la Révolution dans l'église de *Chaumont*. Quelques-uns, très mutilés, subsistent encore aujourd'hui. On y voit la trace de plusieurs mains d'un talent inégal. Nous signalerons surtout la moitié de fenêtre datée de 1547 où figure la décollation de saint Jean-Baptiste et la scène fort curieuse où est représentée la naissance du même saint [1]. Les Buron ont sans doute beaucoup à revendiquer dans tout cela. Leurs travaux, du reste, ne se bornèrent pas à Gisors et on a déjà signalé, aux Andelys, la signature de l'un d'entre eux [2]. Les nombreuses verrières qui ornent l'église Notre-Dame de cette ville ont une réelle valeur et leur examen serait assurément · très profitable, mais la chose demanderait trop de temps et nous ne pouvons que renvoyer aux travaux dont ils ont déjà été l'objet [3] et notamment à l'excellente description qu'en a donnée M. Edouard Didron.

(1) Ces vitraux se voient dans le bas-côté qui pourtourne le sanctuaire.

(2) L'abbé Porée, *Guide descriptif de l'étranger aux Andelys*, p. 51.

(3) Brossard de Ruville, *Histoire de la ville des Andelys*, t. Iᵉʳ. — L'abbé Porée, *Guide des Andelys*, et le même, *Description du vitrail de saint Léger, évêque d'Autun, à Notre-Dame d'Andely*.

VII

Nous n'avons pu et nous n'avons jamais prétendu donner à cette étude, peut-être un peu longue, les développements multiples réclamés par l'histoire de l'art pendant cette belle période de la Renaissance, qui a laissé parmi nous, aux portes de Paris, des traces de son passage si nombreuses et si vives que, malgré les ravages du temps et des hommes, on trouverait peut-être difficilement dans toute la France une semblable manifestation artistique. Notre but était surtout de faire connaître la portée et la valeur des théories de M. Palustre. Nous avons cru devoir joindre à ces considérations quelques aperçus nouveaux sur les monuments d'une riche région dont l'exploration est encore à faire ; ils seront, nous l'espérons, lus avec un indulgent intérêt. Les opinions inédites que nous formulons auraient besoin, nous ne l'ignorons pas, d'être appuyées par des textes authentiques. L'examen des minutes des notaires et des anciennes archives paroissiales ne manquerait pas d'amener à ce sujet de précieuses révélations. Nous n'avons pas eu le loisir de nous y livrer jusqu'à ce jour, mais nous espérons le faire et nous croyons que, si nous devons éprouver alors quelques mécomptes, la plupart des documents viendront confirmer ce que nous avons osé déduire du style seul des monuments. [1]

(1) On a pu remarquer que toutes les dates citées, surtout à propos des architectes, se suivent de très près, mais ne font jamais double emploi. Ceci n'est pas assurément une preuve à invoquer par nous, mais on avouera que la particularité est curieuse et que le vraisemblable a, dans ce cas, bien des chances d'être vrai.

Pareille observation pourrait d'ailleurs être faite sur beaucoup des chapitres de M. Palustre. S'il nous faut conclure, nous dirons que son ouvrage mérite d'avoir un retentissement considérable. Malgré des défauts, qui ne proviennent souvent que de qualités poussées à leur limite extrême, malgré des erreurs inévitables dans toute publication de ce genre et qui ne sauraient du reste être aperçues que des écrivains locaux, malgré aussi certaines appréciations parfois trop hardies et des jugements un peu trop vivement prononcés, nous n'hésitons nullement à reconnaître et à proclamer qu'il est destiné à exercer une profonde et légitime influence sur les recherches de tous ceux qui, dans nos provinces, aiment à étudier sérieusement les annales de notre art national. C'est un véritable monument élevé à la Renaissance française [1]. Aux

(1) L'exécution matérielle est absolument irréprochable. L'éditeur, M. Quantin, a déjà à son actif plus d'une utile entreprise. *La Renaissance en France* peut être mise à côté des magnifiques ouvrages consacrés à Rembrandt, à Albert Dürer et à tant d'artistes célèbres, aussi bien que de l'excellente Bibliothèque de l'enseignement des Beaux-Arts. Le texte est d'une admirable netteté et semble fait pour le plaisir des yeux. Quant aux magnifiques illustrations, qui ne constituent pas un des moindres attraits de l'ouvrage, elles sont presque toutes l'œuvre de M. Eugène Sadoux, dont le talent, au-dessus de tout éloge, s'était déjà révélé dans les *Châteaux historiques de la France*, de MM. Eyriès et Perret, dans la *Gatine historique et monumentale* de M. Ledain, etc. Avec lui, l'eau-forte est devenue un procédé de gravure véritablement archéologique. — Voici la liste des gravures qui intéressent notre région : Portail de Montjavoult (t. Ier, p. 69) ; détails du même (id., p. 71) ; — pont et galerie du château de Fère-en-Tardenois (t. Ier. p. 116, grande double page hors texte signée Sadoux et Lancelot) ; — porte d'entrée du même (id., p. 118, hors texte) ; — dessus de porte à l'église de Montfort-l'Amaury (t. II, p. 1) ; — partie intérieure de l'église du Mesnil-Aubry (id., p. 7) ; — transept de l'église de Magny (id., p. 13) ; — façade de l'église de Vétheuil (id., p. 16, hors texte) ; — façade de l'église de Belloy (id., p. 24, hors texte) ; — fonts baptismaux de Magny (id., p. 27) ; — statue d'Anne de Montmorency, au musée du Louvre, provenant du mausolée élevé dans l'église de Montmorency (id., p. 31) ; — péristyle de la cour du château d'Écouen (id., p. 48, hors texte) ; — plan du château d'Écouen (id., p. 50) ; — château d'Écouen : façade des terrasses (id., p. 52, hors texte) ; — tribune de la chapelle du château d'Écouen (id., p. 55) ; — carrelage du château d'Écouen (id., p. 57) ; — cheminée du manoir d'Omerville (id., p. 59) ; — fontaine de Mantes (id., p. 61) ; — chapiteau à Saint-Maclou de Pontoise (id., p. 64) ; — détail intérieur de Saint-Eustache de Paris (id., p. 131) ; — intérieur de Saint-Eustache (id., p. 133), grande double page hors texte ; — façade de l'église de Gisors (id., p. 207, hors texte) ; — tombeau des cardinaux d'Amboise, à la cathédrale de Rouen (id., p. 260, hors texte ; cette magnifique eau-forte, signée Sadoux et Gaujean et mesurant 43 cent. sur 30, mérite d'être citée comme un véritable chef-d'œuvre) ; — plan du château de Charleval (id., p. 280), etc., etc. — Grâce à l'obligeance de l'éditeur, nous avons pu reproduire la façade de Belloy, les fonts baptismaux de Magny et le plan du château d'Écouen.

deux volumes publiés, quatre autres viendront successivement s'ajouter. L'auteur poursuit courageusement sa tâche difficile, on sait avec quelle compétence, quelle autorité et quelle supériorité. Il n'a pas seulement sur toutes ces questions une expérience et un savoir universellement reconnus, mais, ce qui est plus rare, il fait servir toutes ces heureuses qualités à l'éclaircissement des problèmes les plus obscurs et à la révision méthodique et raisonnée d'une foule de traditions qui, jusqu'à lui, faisaient trop fréquemment le fonds de tous les travaux.

Assurément, à l'aphorisme de M. Palustre : « L'histoire de l'art ne peut raisonnablement s'élaborer qu'en rattachant à leurs auteurs la plupart des œuvres qui font l'objet d'une discussion, » on pourrait peut-être opposer le conseil que M. Courajod donnait il y a peu de temps à ses confrères : « Grouper partout les œuvres similaires, fussent-elles anonymes, classer avant tout les produits de l'art dans un ordre raisonné, sans tenir compte à *priori* de la personne de leurs auteurs, telle devrait être la première tâche de la critique. » [1] La réserve et la prudence peuvent, en effet, paraître des qualités plus solides que la hardiesse. Mais quand un livre recommandable par la notoriété du nom de son auteur apporte, comme la *Renaissance en France*, nombre d'idées nouvelles et d'opinions originales sur un sujet donné, son examen s'impose et toute Société savante soucieuse de sa dignité doit tenir à honneur de s'en apercevoir.

(1) *Sur un masque de marbre du XVe siècle, conservé à l'hôpital de Villeneuve-lez-Avignon* (*Bull. de la Soc. des Antiq. de Fr.*, 1882, p. 337).

ADDITIONS ET CORRECTIONS

Page 9, 20ᵉ ligne : au lieu de *presqu'alors,* lisez *jusqu'alors.*

Page 9, 26ᵉ ligne : au lieu de *1547,* lisez *1550* et supprimez la note 2.

Page 13, 5ᵉ ligne : *.... la date exacte de la construction. —* Ajouter en note : « Un marché de 1537 pour la réédification du portail de l'église Saint-Damien de Luzarches figure cependant au nombre des documents réunis par M. Hahn et dont il donne la liste dans son *Essai sur l'histoire de Luzarches* (Paris, Ducrocq, 1864, p. 12). M. Hahn a eu l'obligeance de nous fournir des renseignements sur cette pièce et de nous en indiquer quelques autres intéressantes pour le monument qui nous occupe ; mais aucune d'elles ne paraît se rapporter au portail actuel. C'est d'abord le marché en question, acte passé devant Noyal, tabellion à Luzarches, le 10 mars 1537, entre Jacques Gletraye et Guillaume Leroux, marguilliers, et Jean Lefebvre, par lequel ce dernier promet « cuire la chaux qui conviendra pour faire le portail de l'église, en lui livrant près le four pierre et bois, » moyennant 37 sols 6 deniers tournois par four, « lequel fourneau seroit derrière les fossés de la motte qui est le vieil chastel de Saint Damiens. » Par un second marché, conclu le même jour devant le même notaire, « Guillaume Jamet, carreyeur, demeurant à Lassy, » s'oblige « de tirer dans les carrières de Luzarches toute la pierre bonne, loyale et marchande pour faire le portail et croisées de l'église Saint Damiens et la charger sur les harnois, moyennant 4 sols 2 deniers tournois pour chaque tonneau. » Le 13 avril 1537, « Jean Guillot, maçon et tailleur de pierres, demeurant à

Luzarches, » ratifie devant Noyal, notaire, le marché précédent et se reconnaît associé avec Guillaume Jamet. Plus tard, à la date du 22 juin 1551, nous voyons un acte reçu par Antoine Levert, tabellion à Luzarches, contenant transport par François de Cenesme, Guillaume Le Bel, curé, et les marguilliers de Saint-Damien, à « Nicolas de Saint Michel, m⁰ maçon et tailleur de pierres, demeurant à Luzarches, » d'une certaine quantité de blé froment et d'avoine à recevoir de divers, « jusqu'à concurence de 400 livres qui étoient dus au dit Saint Michel pour les ouvrages par lui faits au portail nouvellement construit et édifié en la ditte église. » M. Hahn nous a communiqué encore la note suivante : « L'an 1537 fut basty le portail de l'église paroissialle de Luzarches. Nicolas de Saint Michel fut l'*apareilleur* et *entrepreneur*. » Mais tout cela s'applique-t-il à la façade actuelle? Nous avons peine à le croire. C'est beaucoup s'avancer que de faire commencer l'édification de celle-ci en 1545 et il est fort probable, comme le croit M. Palustre, qu'elle est même postérieure à 1551. La construction de Nicolas de Saint-Michel (en admettant qu'il en ait été l'architecte) ne serait donc restée que quelques années debout et aurait bientôt fait place à celle que nous contemplons aujourd'hui et dont la perfection permet de maintenir le nom de Jean Bullant. La première travée est, en effet, postérieure au surplus de la nef et a été édifiée en même temps que le frontispice actuel. Bien que les droits du maître d'Écouen soient, dans la circonstance, aussi bien établis que possible, nous faisons le vœu que M. Hahn découvre bientôt le document complémentaire qui confirmera l'inévitable vérité. »

Page 17, 33ᵉ ligne : au lieu de *tout une*, lisez *toute une*.

Page 32, 10ᵉ ligne : .... *de pur style Henri II*. — Ajouter en note : « Cette qualification de style Henri II n'entraîne ici aucune idée de date précise, mais caractérise uniquement le style en usage de 1550 à 1570. »

Page 57, 9ᵉ ligne : .... *entaché d'erreur*. — Ajouter en note : « Adolphe Lance, dans son *Dictionnaire des architectes français* (t. Iᵉʳ, p. 324), ne fait, il est vrai, mais à son insu sans doute, qu'un seul personnage des deux Jean Grappin de M. de Laborde. »

Page 67. — Intercaler à la suite de la 24ᵉ ligne :

« Le Vexin normand est beaucoup moins riche que le Vexin français en édifices remarquables. La pierre à bâtir ne s'y rencontre que sur les bords de la Seine. Les célèbres carrières de Vernon notamment ont fourni sur place les matériaux avec lesquels a été construit le portail de l'ancienne église de *Vernonnet*, que l'on a eu la bonne pensée de remonter sur la petite place qui précède l'église actuelle [1]. C'est un portique d'assez petite dimension, datant à peu près de l'année 1560. L'ordonnance dorique des colonnes et de l'entablement, dont la frise est couverte de patères et de triglyphes, est une réminiscence

(1) Bâtie vers 1860 dans un style roman médiocre.

habituelle de l'antiquité. Mais l'architecte a fait preuve de talent et d'imagination dans le cartouche qui occupe le milieu de la frise et dans les personnages
couchés sur l'extrados de l'arcade cintrée ou adossés à un autre grand cartouche
dans le fronton de couronnement. Ces figures, d'un très bas relief, sont sculptées
avec délicatesse et précision. Le portail méritait certainement d'être conservé.

« L'une des anciennes églises paroissiales de Pontoise, *Saint-André*,
aujourd'hui détruite, remontait également au xvıᵉ siècle. C'était un monument
de dimensions bien inférieures à Saint-Maclou, situé au-dessous et vers le sud
du château. Deux documents iconographiques que nous avons tout lieu de
croire excellents [1] nous le montrent éclairé par de grandes fenêtres cintrées et
orné de pilastres en guise de contreforts. Une tour carrée fort basse et probablement inachevée s'élevait au-dessus de l'entrée. Saint-André était donc dû
sans doute aussi aux Le Mercier, mais sans que nous puissions dire auquel
des maîtres pontoisiens il convient d'en faire honneur. C'est en vain que l'on
consulte Taillepied à cet égard : le bon cordelier ne paraît nullement s'être
douté combien un simple renseignement de ce genre aurait d'intérêt pour ses
successeurs. »

Page 72, note 4 : supprimez de la *Renaissance*.

---

(1) « Veuë de l'Eglise Sᵗ André à Pontoise, » gravure d'Israël Silvestre, reproduite
en fac-simile dans la *Ligue à Pontoise*, par H. Le Charpentier. — Eau-forte un peu
moins ancienne (Bibl. nat., dép. des est.), d'après laquelle M. Cl. Cousin a composé un
dessin au crayon pour la réimpression des *Antiquitez et Singularitez* de Taillepied.

L'impression du chapitre consacré aux Le Mercier était achevée, lorsque M. Seré-Depoin voulut bien me faire savoir qu'il venait de découvrir un marché passé le 29 août 1578 devant Levasseur et Moreau, notaires à Pontoise, entre Nicolas et Denis Le Mercier et la fabrique de l'église d'Ennery, qui confirmait mes idées au sujet de cet édifice. De plus, avec une générosité et un désintéressement dont on peut apprécier toute la délicatesse et dont je ne saurais me montrer trop reconnaissant, l'honorable président de notre Société m'offrit spontanément de publier cet important document en pièce justificative à la suite de mon travail. C'est grâce à cette libéralité que je dois de pouvoir le mettre sous les yeux du lecteur.

Du xxixᵉ aoust 1578.

Furent présents NICOLAS et DENIS LES MERCIERS mᵉˢ massons tailleurs de pierres demourans en ceste ville de Pontoyze, d'une part, et Charles Tupin laboureur à Ennery, à présent marguiller de l'église et fabrique Sᵗ Aulbin dudit lieu, d'aultre part. Les quels partyes ès dits noms mesmes les dits marguillers en la présence et par l'advis et délibération de messire Guillaume Poisson pᵇʳᵉ curé dud. Ennery, Pierre Bouresche dit le Coq, Pierre Deboissy, Charles Bouticourt, Jehan Daras et François Desmarets laboureurs demeurᵗ. audit lieu recongnurent et confessèrent avoir faict et par ces présentes font entr'eux le marché de massonnerye tel qu'il s'ensuyt — c'est assʳ que les dits LES MERCIERS ont promis et par ces présentes promettent faire et parfaire bien et deument pour la dite fabrique de l'église du dit Sᵗ Aulbin, à Ennery, ce qu'il s'ensuyt. Premierᵗ. faire deux pilliers carés entre la *massonnerye neufve* et la tour, savoir l'un du costé vers le presbytère et l'aultre vers le cymetière de la grosseur de deux pieds et demy comprins quatre pilastres qui se feront autour de chacun des dits pilliers, les dits pilliers et pilastres garnis de base et chapiteaulx de la haulteur et selon l'ordre des aulres *qui sont faits à présent* tant pour l'estaige d'en hault que pour l'estaige d'en bas. Au dessus des quels chapiteaulx et ornements des moulures se feront les arachements et tas de charge des voultes des allées et doubleaux au dessus des quels doubleaux se fera et plantera ung corps de mur de l'espaiseur des harpes et atendans de la *neufve massonnerye* et de hauteur semblable. Et se continuera depuys la dicte massonnerye neufve jusques à la tour et au dessus des rethumbées des voultes cy dessus dictes, se plantera un pilastre par dehors œuvre qui aura d'espaisseur vingt poulces, et de saillie oultre le dit corps de mur neuf poulces. Lequel pilastre se amortira au dessus de la corniche, qui se fera en la haulteur de l'aultre *faicte de présent*. Se fera aussy au dessus des dits doubleaux des encorbellements pour porter à l'advenir des dalles [1]. Davantaige seront tenus les dits LES MERCIERS faire continuer le pillastre de dedans œuvre de haulteur compétente pour planter les araschements des voultes de la nef. Item de faire dedans les dicts deux corps de murs quatre vitres, savoir : deux par chacun corps de mur en hauteur et largeur qui se trouvera bon estre. Seront encore tenus de faire à la perfection de l'œuvre les clostures de bloc et terre dessoubs les d. doubleaux cy dessus déclairés ensemble tous les dits doubleaux faisant la séparation de la croisée et des allées, à rompre la closture estant de present sous le doubleau de la tour. Seront aussi tenus les dicts LES MERCIERS de estouper tous les boulins estant en la massonnerye de la dicte église *par eux cy devant faicte*. De plus les dits ouvraiges cy dessus faictes et parfaictes bien et deument, seront tenus fournir et livrer toute matière à ce faire requises et nécessaires assavoir : chaulx, sable, pierre de taille de Sainct Leu de Serans, de la quelle pierre se fera toute la d. massonnerye cy dessus déclarée à la réserve des clostures qui se feront de bloc des abatis qu'il conviendra faire, des quelz les dits LES MERCIERS se pourront servir et des pierres de taille et abattaiges à leur commodité en la rédification des dits pillers et aultres grosses massonneryes et rendront les dits LES MERCIERS tous les dits ouvraiges cy dessus déclairez parfaictes dedans le jour de Pasques prochain venant, sy plus tot ne se peuvent faire et ce moyannant la somme de cent soixante six escus et deux tiers d'escu que le dit Tupin au dit nom a promis et sera tenu païer aux dits LES MERCIERS de ceste manière assavoir : trente troys escus et un tiers d'escu quand la besoigne sera hors terre — pareille somme au jour de Noel en suivant — et aultre pareille somme de trente troys escus et un tiers d'escu quant la dicte besoigne sera faicte et parfaicte — et le reste de la dite somme montant à soixante six escus et deux tiers d'escu ung an après les dictes ouvraiges faictes et parfaictes. Sans comprendre ung escu pour le vin du présent marché que le dict marguiller a païé.... pour laquelle somme cy dessus, le dict marché fut ainsy convenu. Sy promettent les dictes partyes ès dicts noms l'ung envers l'autre.

Signé :   POISSON.

D. MERCIÉ.

N. MERCIER.

PIERRE DE BOISSY.

CHARLES BOUTICOURT.

FRANÇOYS DESMARESTS.

MOREAU (notaire).

LEVASSEUR (notaire).

(1) Ces *dalles* n'ont jamais été montées et cette partie de l'église est restée inachevée. Le clocher, qui date du commencement du XIIe siècle, était autrefois central. Le nouveau chœur avait été commencé bien en arrière du chevet de l'ancien et les constructions dont se chargent Nicolas et Denis Le Mercier en 1578 réunissent aujourd'hui le transept neuf à la tour.

Les architectes pontoisiens s'engagent, on le voit, à terminer [1] et à conduire jusqu'au clocher l'œuvre par eux commencée plusieurs années auparavant et interrompue sans doute, comme la chose arrivait souvent, par le manque de fonds. Denis Le Mercier, il est vrai, partage avec Nicolas l'honneur d'avoir édifié le beau chœur dont nous avons parlé; mais le second avait certainement la direction des travaux et son parent était probablement loin d'avoir un talent égal au sien, ainsi que l'on peut en juger en examinant le portail de l'église d'Épiais. Tout le surplus de celle-ci est désormais acquis à Nicolas Le Mercier ou tout au moins aux deux architectes d'Ennery. La date que nous assignions au chœur d'Ennery se trouve un peu reculée et le commencement des travaux doit être fixé à l'année 1570 ou environ. Nous ferons remarquer, en outre, que la pièce si intéressante découverte par M. Seré-Depoin, en rendant plus plausibles encore les attributions que nous avons proposées, confirme pleinement l'opinion émise par M. Palustre relativement à la partie méridionale de Saint-Maclou de Pontoise.

(1) Le projet comprenait une église totalement moderne, comme à Épiais, mais la seconde moitié fut considérée comme trop dispendieuse et sa réalisation fut ajournée indéfiniment. On se contenta de combler la lacune qui existait entre l'ancienne et la nouvelle construction.

TABLE

	Pages
Ambleville. — Château	54
Andelys (Les). — Église Notre-Dame	54, 59
— Sépulcre	65
— Vitraux de Notre-Dame	88
Attainville. — Église	16
— Vitraux	86
Auvers-sur-Oise. — Église	66
Beauvais. — Épitaphe d'Engrand Le Prince et de Jean Le Pot	80
— Portes du transept sud de la cathédrale	80
— Vitraux de la cathédrale	74, 75
— Vitraux de l'église Saint-Étienne	73, 74, 76
Belloy. — Église	7
— Fonts baptismaux	69
Bennecourt. — Église	66
Berthenonville. — Église	67
Bertichère. — Château	69
Boutencourt. — Croix du cimetière	69
Bus-Saint-Remy. — Manoir	68
Cergy. — Église	34
Champagne. — Porche de l'église	26
Chantilly. — Petit château	18
Charleval. — Château	61

Pages

Chars. — Clocher. . . . . : . . 32
Chaumont. — Château de Bertichère 69
— Église 49, 56
— Vitraux 88
Cléry. — Église 66
Conches. — Vitrail du Triomphe de la Vierge 78
Dangu. — Église 66
Domont. — Vitraux de l'église 86
Écouen. — Château 8, 93
— Église. 66
— Fonts baptismaux. 69
— Vitraux en grisaille du château 81, 84, 85
— Vitraux de la chapelle du château 85
— Vitraux de l'église 83
Enencourt-Léage. — Croix du cimetière 69
Ennery. — Chœur de l'église. 37, 40, 58, 96
Épiais. — Église 36, 40, 58
Éragny (Oise). — Château 68
Évecquemont. — Église 35
Éʒanville. — Église 66
— Vitraux 86
Fère-en-Tardenois. — Entrée du château 19
Fosses. — Église 66
Gaillon (Eure). — Château. 64
Genainville. — Portail de l'église 54
Génicourt. — Église 35
Gisors. — Église 41, 48
— Vitraux. 78, 83, 84, 87
Goussainville. — Église 14
Groslay. — Église 66
— Vitraux 86
Guiry. — Église 67
Halaincourt. — Château 68
Heudicourt. — Voûte de l'église 70
Isle-Adam (L'). — Église 16, 27
Jaméricourt. — Croix du cimetière. 69
Jouy-le-Comte. — Église 67
Jouy-sous-Thelle. — Église 62
Lassy. — Fonts baptismaux 69
Liancourt-Saint-Pierre. — Château. 68
Lierville. — Fonts baptismaux 69
Limay. — Sépulcre de l'ermitage Saint-Sauveur 65
Livilliers. — Porche de l'église 33, 39
Louvres. — Église. 66
Luzarches. — Église 11, 93
Maffliers. — Église 14

		Pages
Magny-en-Vexin. — Église		48, 56
—	Fonts baptismaux	48
—	*Hôtel seigneurial*	68
—	*Maison dite de Henri II*	50
Mantes. — Tour Saint-Maclou		64
—	Fontaine	64
Marchais (Aisne). — Vitrail de la chapelle du château		82
Marcheroux. — Stalles de l'abbaye		70
Mareil-en-France. — Église		17
Margency. — Vitraux		86
Marines. — Église		35
Mesnil-Aubry (Le). — Église		15, 66
—	Vitraux	86
Méry. — Église		66
Montfort-l'Amaury. — Église		64
Montjavoult. — *Croix du cimetière*		69
—	Portail de l'église	53
—	*Tour de l'église*	56
Montmorency. — Église		66
—	Vitraux	74
Moussy. — Tour de l'église		67
Nantouillet. — Château		64
Nesle-la-Vallée. — Manoir de Launay		32, 94
Nucourt. — Église		55
Omerville. — Manoir		65
—	*Croix du cimetière*	69
Othis. — Façade de l'église		64
Paris. — Hôtel-de-Ville		27
—	Église Saint-Eustache	28
Parnes. — Église		49, 66
—	Château d'Halaincourt	68
Plessis-Gassot (Le). — Église		16
Pontoise. — *Citadelle*		38
—	*Église Notre-Dame*	38
—	*Église Saint-André*	95
—	Église Saint-Maclou	21, 39, 96
—	*Épitaphe de Pierre Le Mercier*	24
—	Sépulcre de Saint-Maclou	65
—	*Vitraux de Saint-Maclou*	87
Puchay. — Voûte de l'église		70
Roche-Guyon (La). — Église		66
Rouen. — Vitraux de l'église Saint-Vincent		75, 77
Saint-Denis. — Tombeaux		64
Saint-Denis-le-Ferment. — Croix du cimetière		69
Saint-Germain-en-Laye. — Château		64
Saint-Gervais. — Église		49, 51

	Pages
Sarcelles. — Portail de l'église	11
Serans. — Église	49, 66
Sérifontaine. — Église	49, 66
Tourny. — Église	66
Trie. — Château	68
Triel. — *Chœur de l'église.*	58
— Vitraux	78, 88
Vaumain (Le). — Château	68
Vauréal. — Église	66
Vernonnet. — Portail de l'ancienne église	94
Vétheuil. — Église	52
Vigny. — Château	68
Villeneuve-Saint-Georges. — Église	64
Villiers-le-Bel. — Église	14

PLANCHES

Portail de l'église de Belloy	*en regard du titre*
Plan du château d'Écouen : en regard de la page	10
Fonts baptismaux de Magny : en regard de la page	48

PONTOISE. — IMPRIMERIE DE Amédée PARIS

www.ingramcontent.com/pod-product-compliance
Lightning Source LLC
Chambersburg PA
CBHW060831250626
47162CB00005B/2023